RÉSONANCES

Collection dirigée par [illegible]

Étude sur

GUSTAVE FLAUBERT

Bouvard et Pécuchet

par Annie Urbanik-Rizk

Agrégée de l'Université
Ancienne élève de l'ENS de Fontenay-aux-Roses
Professeur de Lettres supérieures au lycée d'Évreux

ellipses

Dans la même collection

RÉSONANCES – ÉTUDES SUR…

• *Antigone,* Anouilh • *Alcools,* Apollinaire • *Aurélien,* Aragon • *La Peau de chagrin,* Balzac • *Le Père Goriot,* Balzac • *Les Fleurs du Mal,* Baudelaire • *Le Barbier de Séville,* Beaumarchais • *Le Mariage de Figaro,* Beaumarchais • *En attendant Godot,* Beckett • *La Modification,* Butor • *La Chute,* Camus • *Les Justes,* Camus • *Voyage au bout de la nuit,* Céline • *Partage de midi,* Claudel • *La Machine infernale,* Cocteau • *Le Blé en herbe,* Colette • *Jacques le Fataliste,* Diderot • *L'Amant,* Duras • *Bouvard et Pécuchet,* Flaubert • *Madame Bovary,* Flaubert • *La Symphonie pastorale,* Gide • *Un barrage contre le Pacifique,* Duras • *Un roi sans divertissement,* Giono • *Amphitryon 38,* Giraudoux • *Électre,* Giraudoux • *La guerre de Troie n'aura pas lieu,* Giraudoux • *Nouvelles de Pétersbourg,* Gogol • *Les Châtiments,* Hugo • *Les Liaisons dangereuses,* Laclos • *Désert,* Le Clézio • *Les Fausses Confidences,* Marivaux • *Le jeu de l'amour et du hasard,* Marivaux • *L'Ile des esclaves,* Marivaux • *Bel-Ami,* Maupassant • *Boule de suif,* Maupassant • *Le Horla,* Maupassant • *Une vie,* Maupassant • *Amphitryon,* Molière • *Dom Juan,* Molière • *Le Misanthrope,* Molière • *Lettres persanes,* Montesquieu • *Les Caprices de Marianne,* Musset • *La Confession d'un enfant du siècle,* Musset • *Sylvie* et *Aurélia,* Nerval • *Manon Lescaut,* L'abbé Prévost • *Un amour de Swann*, Proust • *La Règle du jeu,* Renoir • *Les Confessions* (I-IV), Rousseau • *Enfance,* Sarraute • *Les Mains sales,* Sartre • *Les Mots,* Sartre • *Les Mouches,* Sartre • *Éthiopiques,* Senghor • *Le Parfum,* Süskind • *Vendredi ou les limbes du Pacifique,* Tournier • *Le Silence de la mer,* Vercors • *Mémoires d'Hadrien*, Yourcenar • *Les Nouvelles orientales,* Yourcenar • *Le Roman de Tristan et Iseut.*

RÉSONANCES MÉTHODIQUES

• Enrichir son vocabulaire • Rédiger avec élégance • Maîtriser l'orthographe et la grammaire • Étude d'un texte argumentatif • Commentaire littéraire ou étude littéraire • La dissertation littéraire • L'oral de français • Méthodologies de l'épreuve de Lettres des Terminales L et ES

RÉSONANCES THÉMATIQUES

• Petite anthologie européenne du roman d'apprentissage • Le conte philosophique voltairien • Le bon sauvage • Le drame romantique • Les écrivains russes du XIXe siècle • Malraux et le roman • Métamorphoses • Le mythe antique dans le théâtre du XXe siècle • La poésie engagée • Le roman d'apprentissage au féminin • Le roman d'apprentissage en France au XIXe siècle • Souvenirs et mémoire • La tragédie racinienne

ISBN 2-7298-4901-7

Professeur : Toujours savant.
Littérature : Occupation des oisifs.

Dictionnaire des idées reçues.

TABLEAU CHRONOLOGIQUE

Vie et œuvre de Flaubert	Repères littéraires et artistiques	Repères historiques
1815		Restauration de Louis XVIII. Le gouvernement est libéral, y compris pour la presse.
1820		Gouvernement Ultra. Remise en cause des libertés.
1821 Naissance à Rouen, le 12 décembre.	Naissance de Baudelaire.	
1822	Stendhal publie *De l'amour,* ouvrage influent sur l'égotisme* et le sentimentalisme romantique.	
1824 Naissance de sa sœur Caroline. Achille, son frère aîné est né en 1813.		Mort de Louis XVIII, son frère Charles X lui succède.
1827	Dans *La Préface de Cromwell,* Hugo définit l'esthétique romantique.	
1828	Delacroix peint *La Mort de Sardanapale.*	
1830	La bataille d'*Hernani.* Stendhal publie *Le Rouge et le Noir.*	Révolution de Juillet. Charles X, un Bourbon, est renversé au profit de Louis-Philippe, prince d'Orléans, monarque constitutionnel. 1830-48 Règne de Louis-Philippe.
1832 Entrée au collège.	Balzac, *Louis Lambert*, roman sur le génie. George Sand, *Indiana.*	1832-33 L'historien Guizot est appelé au ministère avec Thiers. Il organise l'école primaire.
1833 Lit Shakespeare et ébauche des drames historiques.	Balzac, *Le Médecin de campagne.* Flaubert remarque des analogies avec sa future *Madame Bovary.*	
1834	Balzac, *Le Père Goriot.* Delacroix peint *Femmes d'Alger.*	1834-40 Crise économique en France et en Europe. Proudhon définit ainsi la propriété : « c'est le vol ».

1835	Balzac, *Le Lys dans la vallée,* roman à caractère autobiographique qui décrit Félix de Vandenesse, lui aussi partagé entre l'amour idéalisé et la passion sensuelle.	
1836 Rencontre Élisa Schlésinger sur la plage de Trouville.	Musset, *La Confession d'un enfant du siècle.*	
1838 Premiers contes et récits. *Mémoires d'un fou.*		
1839	Stendhal, *La Chartreuse de Parme,* roman historique dont le héros Fabrice préfigure Frédéric Moreau car certains de ses rêves sont irréalisés.	
1840 Baccalauréat ; liaison avec Eulalie Foucaud, de 17 ans son aînée.	Mérimée, *Colomba.*	
1841 Études de Droit à Paris. Étés à Nogent-sur-Seine et à Trouville.	Michelet, *Jeanne d'Arc.*	
1842	Balzac se fixe comme objectif de « faire concurrence à l'État civil » dans l'Avant-propos de *La Comédie humaine.* Eugène Sue, *Les Mystères de Paris.* Aloysius Bertrand, *Gaspard de la nuit.*	
1843 Commence la première *Éducation sentimentale.*		
1844 Première crise nerveuse. Voyage en Italie. Son père achète Croisset. Se consacre désormais à la littérature.	Alexandre Dumas, *Les Trois Mousquetaires, Le Comte de Monte-Cristo.* Succès immédiat considérable.	
1845		Les fouriéristes commencent à publier les écrits de leur maître. Ils proposent au sein des « phalanstères » une organisation communiste et égalitaire de la société.

1846 Mort de son père, de sa sœur Caroline peu de temps après la naissance de sa fille Désirée-Caroline. S'installe à Croisset avec sa mère et sa nièce. Rencontre la femme de lettres Louise Colet.	George Sand, *La Mare au Diable,* que Flaubert admire beaucoup.	
1847	Michelet, *Histoire de la Révolution française.* Idolâtrie sans bornes de Flaubert pour le grand historien. Mort de Chateaubriand.	
1848 Se rend à Paris pour assister aux événements révolutionnaires avec son ami Louis Bouilhet. Rédaction de la première version de *La Tentation de saint Antoine.* Ses amis Bouilhet et Du Camp la jugent sévèrement.		22 fév. : un banquet républicain a été interdit ; premières manifestations. 23 fév. : démission de Guizot. La fusillade du boulevard des Capucines déclenche l'insurrection. 24 fév. : le roi abdique. Nomination d'un gouvernement provisoire. 25 fév. : proclamation de la République. 26 fév. : création d'ateliers nationaux. mai : une manifestation en faveur de la Pologne dégénère en émeute. 23/26 juin : « journées de Juin ». Insurrection réprimée par Cavaignac. 12 nov. : nouvelle constitution. Le président sera élu pour 4 ans. 2 déc. : Louis-Napoléon est élu président de la République, contre Cavaignac et Lamartine.
1849-51 Voyage en Orient avec Maxime Du Camp. Ils visitent l'Égypte, la Terre sainte, Constantinople ; ils rentrent par la Grèce et l'Italie.	1849 Courbet, *L'Enterrement à Ornans* (Peinture réaliste). Mort de Balzac.	1849 Triomphe du parti de l'Ordre aux élections législatives. La loi Falloux restreint les libertés politiques et le suffrage universel.

1851 Début de *Madame Bovary.*		2 déc. : Coup d'État de Louis-Napoléon : dissolution de la chambre, arrestations, émeutes dans le Marais. Thiers est arrêté. Victor Hugo part pour Bruxelles et de là, s'exile à Jersey. Michelet, professeur au collège de France, est révoqué.
1852	Gautier, *Émaux et Camées.*	
1853	Hugo, *Les Châtiments.* Renan, *La Vie de Jésus.*	Le baron Haussmann est préfet de la Seine.
1854 Rupture avec Louise Colet.	Tourgueniev, *Récits d'un chasseur.*	
1857 Procès de *Madame Bovary* et acquittement. Commence *Salammbô.*	Baudelaire, *Les Fleurs du mal.* Publication et procès. Le poète est condamné.	Construction du chemin de fer Paris-Lyon-Marseille.
1858 Il fréquente Sainte-Beuve, Gautier, Renan, Baudelaire, les Goncourt. Voyage en Tunisie.	Taine, *Essais de critique et d'histoire.*	
1859	Hugo, *La Légende des siècles.*	
1862 Publication de *Salammbô.*	Hugo, *Les Misérables.*	
1863 Reçu par la princesse Mathilde, cousine de Napoléon III.	Manet, *Le Déjeuner sur l'herbe,* tableau qui fait scandale.	
1865	Les frères Goncourt, *Germinie Lacerteux.* Selon Flaubert, « la grande question du réalisme n'a jamais été si carrément posée ». Claude Bernard, *Introduction à l'étude de la médecine expérimentale.* 1865-69 Tolstoï, *La Guerre et la Paix.*	
1864 Début de la rédaction de l'*Éducation sentimentale.*		
1867		Liberté de la presse mais dissolution de la section française de l'Internationale ouvrière, fondée à Londres en 1864-1870. Pendant ce temps, progrès économiques de la France qui en font une nation-phare.

1868	Parution chez Charpentier, d'une traduction nouvelle par le fils de Théophile Gautier de deux romans d'éducation de Goethe, *Les Années d'apprentissage de Wilhelm Meister* et *Les Affinités électives.*	
1869 Mort de Louis Bouilhet. Il avait rédigé *L'Éducation sentimentale* à son intention. Louis Bouilhet ne devait pas en connaître une ligne. Publication du texte.	Mort de Baudelaire et de Sainte-Beuve. Tourgueniev, *Nouvelles moscovites.*	
1870 Infirmier à Rouen. Croisset étant occupé par les Prussiens, il va vivre à Rouen.	Mort de Dumas.	Guerre contre la Prusse menée par la France. À Sedan, Napoléon III est fait prisonnier. Proclamation de la République.
1871 Il assiste à la Commune de Paris. Voyages et problèmes financiers. Il écrit une comédie *Le Candidat* qui échoue.		Paris résiste et désavoue le gouvernement de Thiers. Siège de Paris à partir du 15 sept. Commune de Paris du 18 mars au 25 mai, écrasée dans le sang.
1872	Mort de Gautier.	
1873		Le maréchal Mac-Mahon est élu président de la République. Coalition de « l'ordre moral ».
1874 Commence *Bouvard et Pécuchet.*	Première exposition des impressionnistes.	
1875 Pour sauver sa nièce de la faillite, Flaubert vend sa ferme de Deauville et cause sa ruine. Il commence *La Légende de saint Julien l'Hospitalier.*		Constitution définitive de la IIIe République
1876 Rédaction d'*Un cœur simple.*		
1877 Publication des *Trois contes.*	Zola, *L'Assommoir.* Jugement sévère de Flaubert.	
1879		Jules Grévy élu président de la République. Gambetta président de l'Assemblée.
1880 Reçoit à Croisset les Goncourt, Zola, Maupassant, Daudet qui formeront l'école de Médan.	Zola, *Nana.* Maupassant, *Boule de suif.* *Les Soirées de Médan,* recueil collectif de l'École naturaliste. Zola, *Le Roman expérimental.*	Décrets contre les congrégations religieuses non autorisées. Première célébration de la fête nationale du 14 juillet. Amnistie des Communards de 1871.

1883	Maupassant, *Une vie.*	
1885	Mort de Victor Hugo.	
Jusqu'à sa mort travaille au *Bouvard et Pécuchet* qui restera inachevé. Le 8 mai, il succombe à une hémorragie cérébrale.		

L'ŒUVRE ET SES CONTEXTES

A – L'ARRIÈRE-PLAN HISTORIQUE : UNE HISTOIRE TOURMENTÉE

Flaubert naît six ans après **la Restauration qui ramène au pouvoir les Bourbons** en la personne de Louis XVIII et avec lui, **la monarchie censitaire***. Il meurt **sous la Troisième République**, consolidée par le parti de l'Ordre réactionnaire. Entre les deux, la France aura connu tous les régimes politiques possibles, la monarchie, différents types de républiques, l'empire, l'expérience de la Commune*.

1. La France avant 1815

Le début du XIXe siècle est marqué par **les stigmates* de la coupure révolutionnaire et de l'épopée impériale**. Depuis la bataille de Sedan, l'histoire a plus changé que pendant des siècles. Liberté contre autorité, progrès contre tradition, science contre religion, souveraineté nationale* contre légitimité monarchique*, citoyen* contre sujet*, valorisation de l'avenir contre valorisation du passé… la liste est longue pour énumérer les principes qui opposent le monde nouveau et le monde ancien. Chateaubriand, dont Flaubert s'est repu, et qu'il admirait, exprime ce désarroi d'une génération déboussolée dans *Les Mémoires d'outre-tombe* (1848).

2. De 1815 à 1830

Pour assurer son retour, Louis XVIII ramène avec lui les aristocrates émigrés qui avaient depuis vingt ans combattu la France, figures anachroniques, étrangères à leur pays, avides de vengeance. Mais il doit choisir entre la France nouvelle et la tradition d'Ancien Régime. Bien que convaincu de son droit divin et de l'hérédité dynastique, Louis XVIII savait qu'il devait répondre à l'attente de la fraction consciente de la population et accepter un compromis. C'est pourquoi, **la Charte de 1814 garantit les principales libertés** publiques. Mais peu à peu, la chambre se radicalise vers la droite avec les « Ultras », et à l'avènement de **Charles X en 1824**,

---

Les références aux pages de *Bouvard et Pécuchet* renvoient en romain à la collection « Retour au texte », Ellipses ; en italique à la collection « Folio », Gallimard, n° 1137.

une opposition importante de mécontents, des républicains d'extrême gauche (avec parmi eux Sainte-Beuve), des constitutionnels au centre (Guizot, Thiers) et à droite des groupes ultras dissidents prépare un climat d'agitation politique qui aboutit à la **révolution de 1830**.

3. La monarchie de Juillet : 1830-1848

Après **les Trois Glorieuses des 27, 28 et 29 juillet 1830**, les députés et les journalistes qui avaient déclenché l'insurrection parviennent à faire accepter au peuple de Paris, pourtant victorieux, le duc Philippe d'Orléans, et avec lui **la doctrine orléaniste**. En installant au pouvoir la bourgeoisie, **elle se garantit contre un retour à l'Ancien Régime**, en modifiant les textes organiques du régime. Adoption du drapeau tricolore, religion catholique déclarée majoritaire et non universelle, censure abrogée, chambre des députés aux pouvoirs augmentés, élargissements du suffrage. Pendant un certain temps, **les républicains** crurent que « Louis-Philippe était la meilleure des républiques » (selon un mot attribué à La Fayette), mais **la répression qu'ils subirent**, par exemple, au moment des manifestations lors des funérailles du général Lamarque en 1832, **les renvoie à l'opposition**.

4. La révolution de 1848

Dans un premier temps, **la révolution naît d'une série de mécontentements** à l'égard de Guizot, en raison de sa collusion avec la haute finance et ses procédés de corruption électorale et parlementaire. **Le climat révolutionnaire est né du vide de la politique légale**, vide si bien retracé par Flaubert, jusque dans l'intériorité des consciences aussi bien dans *L'Éducation sentimentale*[1] que dans *Bouvard et Pécuchet*. La crise frumentaire*, la crise du crédit, le chômage de milliers de travailleurs conjuguent les frustrations d'une fraction de la bourgeoisie, des ruraux déracinés, des ouvriers. Dans l'*Histoire des Girondins* Lamartine écrit en 1847 :

> Une nation ne doit pas regretter son sang quand il a coulé pour faire écouler des vérités éternelles. Les idées végètent de sang humain.

Les journées du 22 au 25 février aboutissent à la **proclamation de la République**. Les banquets réformistes* (en faveur des réformes électorales) ont été en effet interdits et au cours des manifestations, la Garde nationale

---

1. Cf. Étude sur *L'Éducation sentimentale* par A. Urbanik-Risk, coll. « Résonances », Ellipses.

fait cause commune avec le peuple et les étudiants. Les orléanistes* adversaires de Guizot, les républicains ennemis de la monarchie, les ouvriers hostiles au capitalisme industriel semblent avoir gagné. C'est ce moment d'euphorie qui est évoqué au chapitre VI de *Bouvard et Pécuchet*, bien entendu distancié par l'éloignement provincial.

Mais **les enthousiasmes démocratiques**, **l'euphorie politique** des premiers temps **se transforment** en **désillusions** dès que les premières difficultés apparaissent et les Ateliers nationaux créés pour garantir le travail sont supprimés au bout de quatre mois. **La république**, **d'abord démocratique et sociale, devient libérale** après les massacres des journées de juin qui voient s'affronter les ouvriers et républicains insurgés au général Cavaignac. Une nouvelle constitution est adoptée qui porte au pouvoir **Louis-Napoléon**, **élu président avec 74 % des suffrages**.

La république devient alors réactionnaire. Le mouvement ouvrier est anihilé pour un temps avec les démocrates-socialistes, Ledru-Rollin en tête. La loi Falloux restreint les libertés politiques, le suffrage devient limité aux plus riches, la liberté de la presse est restreinte.

5. Du Second Empire à la République : 2 décembre 1851-1870

Le conflit entre le président et l'assemblée commence à se dessiner au milieu de l'année 1850 et se résout par le **coup d'État de Louis-Napoléon qui rallie l'immense majorité des Français**. La peur des démocrates-socialistes lui avait acquis les possédants bourgeois, les paysans, les soldats pour qui son nom était synonyme de gloire militaire, nombre de républicains qui voient sans déplaisir chasser une assemblée réactionnaire et même des prolétaires pour qui il est le restaurateur du suffrage universel. **Le plébiscite*** **du 21 décembre 1851 légalise donc le coup d'État avec 60 % des voix**. La nouvelle constitution institue le sénat inamovible, un président élu pour dix ans et prive l'opposition de ses moyens d'action, en limitant par exemple la liberté de la presse. L'Empire est proclamé le 2 décembre 1852.

D'abord autoritaire jusqu'en 1860, **l'Empire évolue vers le libéralisme**, puis vers une forme originale de parlementarisme de 1860 à 1870. Parallèlement, l'accroissement économique de la France, les interventions militaires à l'étranger, le développement de l'industrialisation contribuent à **ce sentiment d'abondance**, **de stabilité et de grandeur que la plupart des écrivains condamneront pour sa facticité**. Zola dans *La Curée*[1] et

1. Cf. Étude sur *La Curée* par C. Lutaud, coll. « Résonances », Ellipses, 1999.

L'Argent, Hugo dans *Napoléon le Petit* et *Les Châtiments*[1], tournent en dérision cette époque grotesque de parvenus et de contrefacteurs.

6. La guerre contre la Prusse et la Troisième République

Sous le prétexte de la candidature d'un prince allemand au trône d'Espagne, un incident diplomatique (la dépêche d'Ems) oppose Napoléon III à la Prusse. De vieilles rancœurs relatives à l'échec des visées françaises sur la Forêt Noire et le Luxembourg sont réveillées pour exciter le peuple. La France déclare la guerre, mais est battue sur tous les fronts par la puissance militaire de Bismarck. À Sedan, Napoléon III est fait prisonnier. **La République est aussitôt proclamée**. Thiers négocie une paix favorable avec le roi Guillaume proclamé empereur d'Allemagne.

En mars 1871, le Paris populaire résiste à ce qu'il perçoit comme une trahison et désavoue le gouvernement de Thiers. **La Commune se forme, réprimée dans le sang après la capitulation**. C'est la fameuse « semaine sanglante » (mai 1871). Flaubert y assiste réprobateur et horrifié.

En 1873, les conservateurs mettent Thiers en minorité ; celui-ci doit démissionner. Après l'échec de la tentation de restauration de la monarchie, le maréchal Mac-Mahon est élu président de la République… avec l'appui de la coalition monarchiste de l'Assemblée ! Durant son mandat, il soutient la réaction politique et religieuse de l'Ordre moral.

Véritable acte de baptême de la République, **l'amendement Wallon de janvier 1875** stipule que le président de la République est élu à la majorité absolue pour sept ans par le Sénat et l'Assemblée nationale. Mais **la République reste réactionnaire jusqu'en 1879**, date où Jules Grévy remplace Mac-Mahon à l'exécutif, et Gambetta devient président de l'assemblée.

Flaubert meurt à cette époque. En 1880, paraissent les décrets contre les congrégations religieuses non autorisées, la première célébration de la fête nationale du 14 juillet, et l'amnistie des communards de 1871. La Troisième République prend la forme radicale qu'on lui connaît au XXe siècle.

1. Cf. Étude sur *Les Châtiments* par M.-G. Slama, coll. « Résonances », Ellipses, 1998.

B – ÉLÉMENTS DE BIOGRAPHIE : LE « BONHOMME » FLAUBERT

1. « L'Idiot de la famille »

Gustave Flaubert naît le 12 décembre 1821. Son père, Achille-Cléophas était chirurgien en chef de l'Hôtel-Dieu de Rouen, incarnation du « positivisme* » scientifique de la seconde moitié du siècle. À son image, le fils devait déclarer qu'il découpait le réel dans ses romans « comme un chirurgien dissèque les corps ». Du reste, une de ses distractions préférées sera d'aller regarder les cadavres à la morgue en compagnie de sa sœur Caroline, née en 1824. Sa mère, Anne-Caroline Fleuriot, alliée à une bonne famille normande, était très pieuse, presque mystique* et légua à son second fils cette soif d'absolu que Gustave convertit en perfectionnisme esthétique. Cette double hérédité annonce déjà les « **deux bonhommes distincts** » qui constituent la personnalité littéraire de Flaubert, la tentation **naturaliste** d'un côté, la tentation **romantique** de l'autre. Son enfance est morose et délaissée au profit de son frère aîné, Achille, né en 1813, et il inquiète sa famille par ses crises d'épilepsie* et ses retards dans la parole et la lecture, qui lui vaudront l'appellation d'« idiot de la famille ».

En 1829, il **rencontre son premier ami Ernest Chevalier**, dont le grand-père lui révèle les aventures de Don Quichotte. Sa correspondance enfantine avec ce dernier montre des ambitions littéraires précoces. Avec un nouveau camarade, Alfred Le Poittevin, il participe, un peu plus tard, à des expériences théâtrales.

En 1832, il entre au collège de Rouen et se replie dans l'imagination de ses lectures (Beaumarchais, Voltaire pour leur esprit caustique*, Walter Scott et le roman historique, Shakespeare et Rabelais, Chateaubriand) ainsi que dans la dérision. De cette époque date la **composition du personnage *Le Garçon*, emblème du bourgeois stupide et borné**, à l'origine de certains traits de Bouvard ou de Pécuchet. La visite de Louis-Philippe dans la ville de Rouen lui inspire des traits d'ironie anti-monarchistes et anticléricaux. Sa vie au collège est composée de longs moments d'ennui et d'épisodes croustillants, ainsi un censeur surpris au lupanar*. Entre camarades, les plaisanteries obscènes ou scatologiques* occupent la pré-puberté.

2. Le jeune adolescent tourmenté

En 1836, Flaubert rencontre à Trouville, pendant les vacances Élisa Schlésinger, épouse d'un éditeur de musique. Ce coup de foudre deviendra une passion silencieuse et impossible pour une femme plus âgée que lui de onze ans (elle a vingt-six ans). **Premier et ultime modèle littéraire**, elle lui inspirera les *Mémoires d'un fou*, la première et la seconde *Éducation sentimentale.* Son mari, Maurice Schlésinger, à la fois dandy* et commis-voyageur, est le modèle — transparent — de Jacques Arnoux.

L'année suivante, il rencontre Alfred Le Poittevin et publie dans son journal *Le Colibri*, un essai intitulé *Une leçon d'histoire naturelle. Genre commis.* Il écrit alors beaucoup, des contes, des parodies, des nouvelles historiques. N'ayant pas revu Élisa à Trouville, il finit la rédaction des *Mémoires d'un fou.* Plus tard, à la suite d'un chahut, il est exclu du collège pour avoir protesté contre une punition collective. Il prépare donc seul le baccalauréat qu'il obtient en 1840.

Pendant l'été et l'automne 1840, alors qu'on l'envoie en Corse pour se reposer, Gustave rencontre à Marseille Eulalie Foucaud, une femme de trente-cinq ans, patronne de l'hôtel où il est descendu et qui l'initie aux extases sensuelles. Évoquée dans le récit écrit deux années plus tard, intitulé *Novembre,* **elle est peut-être à l'origine du personnage de l'*Éducation sentimentale* Rosanette**.

En 1841, Gustave s'inscrit à contrecœur à la faculté de Droit à Paris, mais demeure dans l'indécision et l'ennui à Rouen. Après plusieurs échecs, il réussit ses examens mais se consacre surtout à la littérature : il commence la première *Éducation sentimentale.* Il rencontre à Paris Maxime Du Camp avec lequel, malgré la différence de tempérament, la complicité est immédiate. Il cultive le sentimentalisme, admire Goethe, Victor Hugo qu'il rencontre chez les Pradier et fait de fréquentes visites chez les Schlésinger. Il fréquente des prostituées occasionnelles et contracte sa première maladie vénérienne. Il échoue à son examen de seconde année et se fait rabrouer par son père.

3. L'« Ermite de Croisset »

En janvier 1844, sur la route de Deauville, **il est terrassé par une crise** très spectaculaire que beaucoup ont qualifié de crise épileptique*. Il se décide à abandonner le droit et suit un régime très sévère, mais son père ne parvient pas à le soigner. Sa famille acquiert la maison de Croisset dans un très beau cadre de bord de Seine, près de Rouen.

En 1845, il achève la première *Éducation.* Sa sœur Caroline se marie à Émile Hamard, un ancien condisciple de Rouen. Il les accompagne en voyage de noces **en Italie**, **mais va de déception en déception**, ainsi l'absence de la troublante Eulalie à Marseille. À Gênes, il ressent un choc devant le tableau de Bruegel *La Tentation de Saint Antoine* , à l'origine du récit ultérieur.

Son père meurt en 1846, emporté par un abcès à la jambe mal opéré par son frère aîné, puis sa sœur des suites d'un accouchement. Elle est enterrée dans sa robe de mariée. Il s'installe à Croisset avec sa mère et sa nièce, une petite Caroline. Le père de cette dernière étant devenu fou, il se charge de son éducation. C'est à Croisset qu'il écrira ses chefs-d'œuvre. Survient alors une autre circonstance favorable à l'éclosion de sa puissance créatrice. **Il rencontre en juillet**, **Louise Colet**, une poétesse médiocre et tapageuse de trente-six ans qui deviendra sa maîtresse et sa « muse » et à qui il écrira si longuement, (cette liaison fort orageuse sera interrompue en 1848, puis reprise en 1851). La correspondance qu'il entretiendra avec elle jusqu'en 1854, année de leur rupture définitive, l'aide à approfondir ses qualités d'analyse et Flaubert y exprime ses idées sur l'Art et la création littéraire. Lassé des intrusions de son beau-frère et des assiduités de Louise à qui il craint de faire un enfant, il part en Bretagne avec son ami Maxime Du Camp. **De retour à Rouen**, **il assiste à un meeting politique qui le déçoit par sa médiocrité**.

En 1848, il se rend à Paris pour assister aux journées de Février. Frappé par la violence et le tumulte, il reste très réservé sur les agissements des anarchistes et des arrivistes. Il est ensuite témoin de la mort de son ami Alfred le Poittevin. Il entreprend la première *Tentation de saint Antoine* et rompt avec Louise. Il décide alors d'entreprendre un voyage en Orient afin de se libérer de ses obsessions. Ce sera une occasion pour lui d'élargir son champ d'expériences et d'élargir sa vision philosophique.

4. Le voyage en Orient et la maturité littéraire

Entre sa jeunesse dispersée en rêves et son âge mûr de créateur, **le voyage en Orient apparaît comme un rayon lumineux**. Flaubert se livre à une orgie de couleurs et de sensations. Après la visite du Caire et des pyramides, il participe à une nuit de délire avec Kuchiuk Hanem, la favorite exilée d'Abbas Pacha qui régit une espèce de harem-lupanar*, peut-être à l'origine de l'épisode de Zoraïde Turc à la fin de l'*Éducation.* Avec Maxime Du Camp, il visite la Palestine, et attrape la vérole, cadeau d'une courtisane de Beyrouth.

En 1851, **il s'émerveille à Rome devant une vierge de Murillo semblable**, **d'après lui**, **à Élisa Schlésinger**. À son retour, il s'oblige à composer *Madame Bovary* pour extirper en lui le « cancer du lyrisme ». Ayant renoué avec Louise Colet, il lui adresse dans ses lettres un véritable journal de l'œuvre qu'il achève le 30 avril 1856. Il hésite à publier le roman car il ressent la publication comme une prostitution. La rédaction du roman est **un véritable calvaire tant le style est un absolu pour lui**. Il écrit à la vitesse moyenne d'une page imprimée en quatre ou cinq jours, une mise au net pour dix pages de brouillon. Dès sa parution, le roman suscite un procès pour immoralité dont Flaubert est acquitté et qui le rend célèbre. Il souhaite écrire un roman sur Carthage.

En 1858, à la suite de son succès, il accepte de se livrer aux mondanités littéraires et rencontre, par le biais d'Apollonie Sabatier, Baudelaire, Sainte-Beuve, Gautier, les frères Goncourt, Feydeau. Il part ensuite six semaines en Tunisie. Puis il rédige la seconde version de *La Tentation de saint Antoine* en 1856, puis *Salammbô* publié en 1862 qui connaît un énorme succès malgré la concurrence des *Misérables* paru en même temps. Reconnu grâce aux éloges de George Sand, il fréquente le prince Napoléon et la princesse Mathilde et fait alterner ses séjours parisiens et ses séjours normands à Croisset auprès de sa mère, son appui et son refuge.

5. Les épreuves des dernières années

Le 1er septembre 1864, il se remet à l'*Éducation sentimentale.* **Sa santé se détériore mais il revoit**, **quinquagénaire**, **Élisa à Croisset**. Cette désillusion sera reprise à la fin de l'*Éducation sentimentale.* Il lit le roman au « gueuloir* » à George Sand qu'il vient de rencontrer et dont il devient le grand ami. Elle juge le roman sublime, mais **à sa parution en 1869**, **c'est un échec**. Barbey d'Aurevilly éreinte le livre, Zola l'apprécie. Mais tous ressentent l'impression de profond écœurement, de désenchantement qui affecte le livre. À Rouen, il passe pour un gauchiste. Il reprend *La Tentation de saint Antoine* et commence *Bouvard et Pécuchet.* Il est ruiné par la guerre et les affaires douteuses de sa nièce Caroline, contraint de se réfugier à Rouen. Il voit le Paris dévasté par la Commune en 1871. Puis, il est éprouvé par la mort de sa mère en 1872.

En 1873, il se lie avec Maupassant et assiste à la naissance de l'école naturaliste, avec Zola, Daudet, Edmond de Goncourt. Il achève la *Tentation de saint Antoine,* que le public ne comprend pas. Il rédige ensuite ses *Trois contes* puis est affecté par la mort successive de Louise Colet et de George Sand, deuils douloureux pour lui. Sa santé et sa fortune sont en ruine. Il se remet à *Bouvard et Pécuchet* qu'il ne pourra achever tant la documentation lui demande de temps et de labeur. Il meurt en mai 1880 d'une hémorragie cérébrale. Sa dernière œuvre sera publiée un an plus tard et sa correspondance en 1884.

C – LA LENTE ET DÉLICATE GESTATION DE *BOUVARD ET PÉCUCHET*

Plus que tout autre roman de Flaubert, *Bouvard et Pécuchet* est l'œuvre d'une vie, car il est le dernier, inachevé et monstrueux, extérieur à toute convention littéraire. Retracer sa genèse revient à suivre l'itinéraire biographique, intellectuel, poétique de l'écrivain, à expliciter ses rages, ses impossibilités et son goût de l'absolu.

1. Une élaboration longue et douloureuse

L'origine datée du **projet** est presque inassignable, mais on en retrouve la trace dans *Les Souvenirs littéraires* de Maxime Du Camp, ami de Flaubert qui fait remonter à 1843, l'idée d'écrire « **l'histoire de deux commis** ». Or, le 8 mai 1880, Flaubert mourait d'une congestion cérébrale, n'ayant pas mis le point final à *Bouvard et Pécuchet.* Entre ces deux dates, les autres romans ont été ébauchés, rédigés, repris en plusieurs versions, *L'Éducation sentimentale* en 1843 et 1864, *La Tentation de saint Antoine* en 1848 et 1872, *Madame Bovary* en 1851, *Salammbô* en 1857 et 1862, et les *Trois contes* à partir de 1875. C'est seulement en 1863, que la *Correspondance*[1] évoque « l'histoire des Deux Cloportes », « une vieille idée qu'il a depuis des années. » Mais dès 1850 apparaît dans la *Correspondance,* l'idée du *Dictionnaire des idées reçues*, qui devait être inclus dans le second volume jamais mis en forme, à la suite des dix chapitres des aventures vaines de Bouvard et de Pécuchet. Flaubert y précise son idée de cracher le dégoût que lui inspire ses contemporains : il devait être tel qu'« une fois qu'on l'aurait lu on n'osât plus parler de peur de dire naturellement une des phrases qui s'y trouvent[2]. »

De 1872 à 1874 seulement, il se met à la phase préparatoire de la rédaction du roman, véritable *pensum** à la construction lourde et laborieuse. Afin de conter l'histoire de deux copistes, qui ayant échoué dans toutes leurs entreprises de recensement et d'expérimentation du savoir, se remet-

1. *Correspondance,* supplément I, Bibliothèque de la Pléiade, Gallimard, 1973, p. 323.
2. *Ibid.,* t. III, p. 67.

tent à l'issue de leur parcours, à un gigantesque travail de **copie**, la nécessité d'un énorme travail de **documentation** s'est imposée à l'écrivain.

Recherches bibliographiques, enquêtes sur le terrain, lectures d'ouvrages sur des sujets totalement inconnus de lui, comme les textes de chimie. Mais il se met aussi à collationner des textes bizarres ou stupides : lettres de femmes, *Observations de l'Académie du Cid,* critiques élogieuses sur la *Jessie de Mocquard*, pastiche écrit par George Sand, etc. S'y ajoute un sottisier rédigé de la main d'un ami de Flaubert, Jules Duplan, décédé en 1870. *L'Album de la Marquise*, recueil factice de citations authentiques, y figure dont une note du carnet de lecture destiné à être inséré dans le *Dictionnaire des idées reçues.*

Ce n'est qu'en été 1874 qu'il peut se sentir prêt comme l'indique ce passage de la correspondance :

> Le samedi 1er août, je commence enfin, *Bouvard et Pécuchet.* Je m'en suis fait le serment ! Il n'y a pas à reculer ! Mais quelle peur j'éprouve ! Quelles transes ! **Il me semble que je vais m'embarquer pour un très long voyage, vers des régions inconnues, et que je n'en reviendrai pas**[1].

Il entremêle sans arrêt à partir de cette date, **écriture et documentation**.

Ainsi, il fait une expédition en Normandie pour préparer les voyages archéologiques des deux bonshommes :

> Il faut être fou et triplement frénétique, pour entreprendre un pareil bouquin !

Les chapitres sur les sciences, la politique, le jardinage lui sont particulièrement pénibles. Seul le chapitre sur l'amour ne lui demande aucune documentation particulière et est expédié en quelques semaines ! Pour les trois derniers chapitres (philosophie, éducation, religion), la compilation* peut se faire simultanément et la rédaction du chapitre VIII, entamé en avril 1879, est achevée en août, celui sur la religion en janvier 1880. Quant au dernier, il est entamé en février et restera inachevé. À partir de la date effective de l'écriture, ce qui s'impose, c'est l'extrême régularité du rythme de la rédaction et son alternance avec les enquêtes livresques ou de terrain — et ce rythme est bien frénétique :

> Savez-vous à combien se montent les volumes qu'il m'a fallu absorber pour mes deux bonshommes ? à plus de 1 500 ! mon dossier de notes a huit pouces de hauteur[2].

---

1. *Correspondance,* suppl. III, Bibliothèque de la Pléiade, Gallimard, 1973, p. 140, et VII, p. 178.
2. *Ibid.*, p. 355-356.

2. Des sources littéraires

Le scénario de *Bouvard et Pécuchet* se trouve dans une nouvelle d'un journaliste nommé Barthélémy Maurice, publiée pour la première fois dans *La Gazette des Tribunaux* du 14 avril 1841 et repris dans *Le Journal des Journaux* où Flaubert l'avait sans doute lu. La nouvelle s'intitulait *Les Deux Greffiers* et évoque l'histoire de deux commis greffiers, dont la « vie s'est écoulée uniforme et paisible comme l'eau du canal Saint-Martin ». Ceux-ci décident de partir en retraite à la campagne, pour s'adonner à la chasse, la pêche, l'horticulture. Ils s'y ennuient, leur humeur tourne au fiel et ils finissent par retrouver leur activité d'antan en écrivant sous la dictée l'un de l'autre, des plaidoiries et des arrêts extraits de *La Gazette des Tribunaux*.

> Ainsi leur dernier plaisir, leur vrai, leur seul plaisir, fut de reprendre fictivement cette aride besogne qui pendant trente-huit ans avait fait l'occupation et, peut-être à leur insu, le bonheur de leur vie.

3. Des fondements biographiques

Mais, la rage, le nihilisme*, le désespoir aigre qui ressortent du texte ne peuvent se comprendre si l'on méconnaît les vicissitudes de Flaubert à la fin de sa vie. Il rédige *Bouvard et Pécuchet* après la guerre de 1870, alors que la maison de sa mère a été envahie par les Prussiens et surtout à un moment de profonde dépression et d'épuisement physique et moral. Comme le suggère Thibaudet dans sa brillante analyse du texte, Flaubert met à terme son projet en guise **de vengeance contre ses contemporains**.

> Il semblait que Flaubert ait gardé sur le cœur les clameurs de la critique au sujet de la dernière ligne de *L'Éducation sentimentale*, eût étendu cette ligne en un volume entier **pour la faire manger à ses contemporains** et se réjouir de leur grimace[1].

À cela s'ajoutent les deuils successifs et l'impression d'incompréhension totale du public, quand survient, au moment de la rédaction du troisième chapitre, la faillite des Commanville, c'est-à-dire de sa nièce Caroline. Il a du mal à en subir le choc et tombe dans une dépression nerveuse. De là ce ton extrêmement virulent, ces éructations grinçantes, la haine de son époque.

1. Albert Thibaudet, *Gustave Flaubert*, coll. « Tel », Gallimard, p. 202.

4. Les sources propres à l'œuvre de Flaubert : une fermentation lente et différée de *Bouvard et Pécuchet*

Bien sûr, certains argueront la présence toujours latente depuis la jeunesse, des crises nerveuses, du désespoir, de l'obsession de l'échec à travers la satire de types sociaux. Pour preuve, le personnage du « Garçon », élaboré dès 1837, dans un article paru dans un petit journal rouennais *Le Colibri* daté du 30 mars, « Une leçon d'histoire naturelle, genre commis ». À la manière des *Assis* de Rimbaud, et selon la mode naturaliste. Flaubert écrit une physiologie* de l'employé, contenant en germe à la fois Homais et Bouvard. Occulté pendant quelques années, le personnage du garçon reparaît à la suite du voyage en Orient. **Personnage ésotérique*, combinaison du célibataire gargantuesque et jovial et du vieux garçon obsessionnel et triste**, **le « Garçon »** se retrouve en germe dans chacune des œuvres, sous un angle différent à chaque fois, Homais, Bournisien dans *Madame Bovary*, Frédéric Moreau le héros de l'*Éducation sentimentale*, et même d'une certaine manière Félicité, la servante innocente d'*Un cœur simple* !

Mais c'est essentiellement la dernière *Tentation de saint Antoine* qui s'entremêle de manière absolue avec *Bouvard et Pécuchet.* De même que le sujet de *L'Éducation sentimentale,* ces deux autres thèmes parcourent la vie de Flaubert. *Bouvard* est la parodie moderne de la *Tentation.*

> Tous trois, son roman autobiographique, sa grande revue théologico-diabolico-cosmique, son épopée de la bêtise humaine, ont été ébauchés dès ses manuscrits d'enfant et ont pris forme de bonne heure dans ses rêves. Les deux premières étant sorties, il fallait bien que la dernière les suivît, et, Flaubert en ayant écrit avant de mourir la plus grande partie, on peut dire qu'il a réalisé toute sa destinée littéraire[1].

En d'autres termes, toute l'œuvre de l'écrivain porte en elle, en gestation, la fureur vengeresse de *Bouvard et Pécuchet* qu'elle soit bouffonne ou triste. Ainsi, de l'usage des citations en italique dans *Madame Bovary* pour exposer au public le ridicule, en quelque sorte autoproclamé et autodétruit des idées comme il faut de l'époque, ainsi de l'obsession de l'échec par excès de désir dans *L'Éducation sentimentale*, ainsi le défilé encyclopédique de la *Tentation de saint Antoine* trouvent-ils une réplique grotesque et moderne, et l'histoire du duc d'Angoulême que copient Bouvard et Pécuchet

---

1. Albert Thibaudet, *Gustave Flaubert*, coll. « Tel », Gallimard, p. 203.

évoque-t-elle certains caractères de *Salammbô.* « Il semble qu'il ait dans *Bouvard* dressé la carte géographique de son paysage littéraire[1]. »

Œuvre somme, microcosme de la création flaubertienne, *Bouvard et Pécuchet* n'en demeure pas moins un cri de haine contre le siècle finissant, cacophonie infernale des dires de l'époque qui ne pouvait aboutir qu'au silence grimaçant, et à la mort : « Bouvard et Pécuchet m'emplissent à un tel point que je suis devenu eux. Leur bêtise est mienne et j'en crève[2] » ou encore au temps de *Madame Bovary*, cette boutade pourrait s'appliquer à la genèse de l'œuvre.

> **Je sens contre la bêtise de mon époque des flots de haine qui m'étouffent.** [...] J'en veux faire une pâte dont je barbouillerai le XIXe siècle, comme on dore de bouse de vache les pagodes indiennes, et qui sait ? Cela durera peut-être. Il ne faut qu'un rayon de soleil, l'inspiration d'un moment[3].

1. Albert Thibaudet, *Gustave Flaubert*, coll. « Tel », Gallimard, p. 210.
2. *Correspondance,* t. VII, Bibliothèque de la Pléiade, Gallimard, 1973, p. 237.
3. *Ibid.*, t. III, p. 30.

CLEFS POUR L'ŒUVRE

A – RÉSUMÉ/SCÉNARIO DU ROMAN

Selon les projets de Flaubert, **deux volumes** devaient former « l'Encyclopédie de la bêtise », **le premier** constitué **des aventures expérimentales** des « deux bonhommes » et le second, jamais achevé, **du contenu même de la copie des deux greffiers**. Deux chapitres devaient rassembler *Le Sottisier, Le Dictionnaire des idées reçues*, *L'Album de la Marquise*, collection de citations ridicules et *Le Catalogue des idées chic*.

« L'Odyssée » des deux cloportes est constituée de dix chapitres, à la fois répétitifs et différenciés.

Chapitre 1

Chapitre d'introduction et d'exposition (20 pages) : rencontre des protagonistes, héritage, décision de changer de vie et d'emménager à la campagne.

En 1838, par une chaleur de trente-trois degrés, Bouvard et Pécuchet se rencontrent sur le boulevard Bourdon, près de la Bastille, et se lient d'amitié. En 1840, Bouvard ayant hérité, décide avec son compère d'emménager à la campagne, à Chavignolles en Normandie afin d'assouvir leur soif de savoir et de mener une vie plus saine.

Chapitre 2

Le domaine du comte de Faverges leur donne l'idée de pratiquer **l'agriculture**. Mais rendus maladroitement perfectionnistes, manquant de méthode et d'un enthousiasme excessif, ils échouent en tout. Leurs tentatives se soldent par un fiasco total. Les livres les trompent, la nature n'offre rien en réponse à leurs attentes. Ils se tournent successivement vers l'horticulture (5/*12* pages) — l'agronomie (3/*7* pages) et l'arboriculture (2/*5* pages) —, l'art paysager (5/*11* pages), pour finir par les conserves (3/*5* pages). Tout échoue lamentablement. Lors d'un grand repas en présence des notabilités du village, Mme veuve Bordin, Marescot le notaire, l'abbé Jeufroy, Vaucorbeil le médecin, tous leurs efforts horticoles sont ridiculisés. Quant à la « Bouvarine », la liqueur-maison produite de leur culture, elle explose. Les conserves pourrissent et l'alambic éclate.

Chapitre 3

Ils se tournent alors vers les **sciences**, mais chaque domaine abordé par pure fantaisie et caprice, les désespère. La chimie (2 pages) leur semble trop difficile. Vaucorbeil leur conseille l'anatomie (5 pages), puis ils tentent l'étude de la physiologie* (6 pages), de la médecine (7 pages), enfin de l'hygiène (3 pages), de l'astronomie (3 pages), de la biologie (3 pages), de la géologie (17 pages). Après avoir fouillé toute la région en quête de fossiles, ils doutent aussi de cette science trop contradictoire.

Chapitre 4

Six mois plus tard, ils deviennent archéologues et éprouvent un plaisir presque religieux à parcourir la région pour y découvrir des traces de ses origines et des reliques diverses. Ils se tournent alors vers le celticisme mais ses contradictions les déroutent. Pendant l'été 1845, ils étudient l'histoire. Enfin, ils décident d'écrire l'histoire du duc d'Angoulême et se documentent à la bibliothèque de Caen. Mais, sans psychologie, on ne peut faire de biographie historique. Rentrés chez eux, ils découvrent qu'une armoire a été piétinée par une vache dans la cour et que le désordre règne parmi les domestiques.

Chapitre 5

Ils se jettent à corps perdu dans la lecture de romans historiques, de Walter Scott à Alexandre Dumas, mais sont irrités par les erreurs historiques et passent à George Sand. Puis ce sont les romans d'amour, les romans d'aventure, les romans réalistes à la Balzac, enfin le théâtre qui les attirent. Ils décident alors de passer à l'écriture du théâtre, se plongent dans l'étude du style, essaient le genre romanesque. Ils butent sur l'esthétique.

Chapitre 6

L'Histoire elle-même les rattrape, même au fond du Calvados rural. Le 25 février 1848, la république est proclamée et le village entier de Chavignolles devient républicain, se déclare « peuple » et ne forme qu'un rêve : faire de la politique, devenir député. Les ouvriers manifestent pour le droit au travail, mais la réaction commence : le 10 décembre, tous votent pour Bonaparte. Bouvard et Pécuchet étudient la politique. Ils apprennent, indignés, le coup d'État du 2 décembre 1851, alors que toute la population se réjouit.

Chapitre 7

Dépités de tout, Bouvard et Pécuchet ressentent un ennui profond, quand Pécuchet assiste par hasard à une scène de rupture amoureuse entre Mme Castillon et Gorgu. Des perspectives infinies s'ouvrent à lui et il décide de perdre sa virginité. Il entreprend la bonne Mélie, mais ces amours ancillaires* se soldent par une maladie honteuse. Parallèlement, Bouvard cherche à épouser Mme Bordin, mais il découvre que seul l'argent l'intéresse. Tous deux décident alors de se passer de femme et de raviver leur amitié qui s'était étiolée.

Chapitre 8

Pour améliorer leur forme physique, ils se mettent à la gymnastique, mais ils sont épuisés par les exercices et comprennent qu'ils sont trop âgés pour cela. Pécuchet, ébahi par les tables tournantes, alors en vogue chez Marescot et dans le village, initie Bouvard au magnétisme. Ils reprennent alors l'exercice de la médecine, s'adonnent au spiritisme et à la magie. Tout naturellement, ils en viennent à la philosophie, mais les catégories les irritent, et ils plongent dans le doute et un scepticisme négatif. Ils ne tolèrent plus la bêtise d'autrui et ne pensent qu'au suicide. Ils cherchent à se pendre dans leur grenier, mais ayant découvert qu'ils n'avaient pas fait leur testament, ils reportent leur acte et se retrouvent à l'église le soir du 25 décembre. Submergés d'émotion religieuse, ils sentent le désir de vivre.

Chapitre 9

Ils se jettent dans les lectures pieuses, Pécuchet suit le dogme à la lettre, mais Bouvard est plus réservé. Ils vont tous deux au pèlerinage de la Délivrande. Bouvard reste toujours sceptique, Pécuchet harcèle le curé Jeufroy pour répondre à ses doutes. Une discussion âpre dégénère en dispute. Ils ont alors l'idée de s'occuper de Victor et Victorine, enfants d'un forçat, dont les Faverges sont las, à cause de leurs vices.

Chapitre 10

Ils s'intéressent désormais à l'Éducation, théorique et pratique. Ils tentent de corriger et guider leurs élèves, mais tout échoue. Ils cherchent à établir un cours d'adultes, mais les villageois sont contre eux. Le garde-chasse Sorel leur flanque un procès pour insultes, leur conférence à l'auberge est interrompue. Les gendarmes arrivent chez eux avec tout le village. On les accuse d'insulte envers la religion, d'incitation à la révolte et on leur reprend les deux enfants. Tout a échoué, mais une nouvelle passion les enflamme : copier !

B – UNE STRUCTURE CIRCULAIRE OU EN SPIRALE ?

La logique dominante de l'organisation du récit est la **systématicité**. L'enchaînement du récit repose essentiellement sur les impulsions subites des protagonistes, leurs désirs irrépressibles de s'adonner à un domaine du savoir ou à des expériences pratiques (mis à part le premier chapitre constituant une introduction). mais le lien d'une passion à une autre mérite examen : en même temps, **l'arbitraire pur** semble guider les deux personnages puisque leurs idées leur sont essentiellement inspirées de l'extérieur et que l'imitation est leur principe. Mais, il s'agit aussi d'une logique du coq-à-l'âne, de l'analogie ridicule, de la corrélation absurde. Ainsi, le passage de l'agriculture à l'horticulture offre-t-il quelque lien de **contiguïté**, qui répété et systématisé amène au non-sens. Dans le même chapitre II, on glisse à l'architecture des jardins et à la fabrication d'un élixir de bêtise la « Bouvarine », cette fois du domaine rabelaisien de la fantaisie pure, substantifique quintessence du ratage.

Le deuxième aspect de la construction de l'ouvrage est son caractère **répétitif**, puisqu'il suit à chaque fois le même schéma narratif : sentiment du désœuvrement, curiosité impérieuse pour un nouveau centre d'intérêt, lectures, expérimentations, participation des habitants de Chavignolles — cobayes et témoins-scandale ou incompréhension, échec ridicule, annonce d'une nouvelle passion. Mais à cela s'ajoutent des **variations** et des amplifications à chaque chapitre. On reprend les mêmes phénomènes en les décalant sur un autre plan, ce qui a été brillamment analysé par Yvan Leclerc[1]. **L'imitation de la bêtise devient critique de la bêtise**, jusqu'à l'insupportable, puisque la tentation du suicide est évoquée au chapitre VIII.

---

1. Yvan Leclerc, *La spirale et le monument*, Paris, SEDES, 1988.

Ensuite, la fuite dans les extases religieuses et les efforts pour refaire le monde grâce à l'expérience éducative aboutissent au point de départ : le recours à la copie !

La spirale masque une **circularité** flagrante, preuve de l'impossibilité d'un savoir encyclopédique et d'un recul critique par rapport au savoir. À la fin du recueil, Bouvard et Pécuchet sont aussi ignorants qu'au départ, mais ont tout de même progressé : ils sont désormais, en quelque sorte déréalisés, privés d'identité et de tout enthousiasme individuel dans leur désir de savoir et de vivre, puisqu'ils s'anéantissent dans la **servilité de la copie**. La seule encyclopédie possible est celle de l'opinion publique, savante ou charlatane, bourgeoise ou populaire, peu importe.

C – LISTE DES PERSONNAGES

1. Les deux cloportes

Bouvard : d'origine polonaise, il s'appelait dans les scénarios de Flaubert « Dumolard ». Grand et gras, blond, frisé, il fume la pipe, est plein d'expérience et plutôt jovial. À quarante-sept ans, il rencontre Pécuchet sur le boulevard Bourdon. Il quitte son état de copiste lorsqu'il fait un héritage qui lui permet de réaliser un vieux rêve : s'établir à la campagne. À Chavignollles, il se consacre à la quête du savoir.

Pécuchet : symétrique et complémentaire de son compère. Petit, maigre aux cheveux bruns et plats à l'allure ridicule. Il prise au lieu de fumer la pipe. Il est encore vierge à quarante-sept ans, crédule, intransigeant et respecte la religion. Il est copiste au ministère de la Marine. Après sa retraite, il rejoint Bouvard à la campagne, pour lui aussi se consacrer à la quête du savoir.

Notons que les noms des protagonistes ont été longuement choisis par Flaubert, en une série de variations et de reprises subtiles. Les sonorités de leurs noms respectifs devaient faire programme. Il est possible d'en trouver l'origine chez Balzac dans *La Physiologie de l'employé,* qui date de 1841. Au chapitre IX, intitulé « Variétés de commis, 10e axiome », on lit, à la rubrique « Ganache » :

> Il regarde son chef de division comme un homme de génie, il le propose comme un modèle à son fils, en s'écriant : – « je serais heureux si tu pouvais ressembler à M. Bouvard. »

Par ailleurs, l'observation des annuaires de la Seine inférieure du XIXe siècle et des notes de l'écrivain montrent qu'il était à l'affût d'un couple à l'onomastique* ridicule.

Voici quelques-unes de ces variantes figurant sur les carnets :

Carnet 19 (1863)	0 Bouvard et Pécuchet (,) 1 Dumolard et Pécuchet 2 Dubolard et Pécuchet
Plan primitif (1872)	3 Dubolard et Bécuchet 4 Bolard et Manichet 5 Bouvard et Pécuchet

2. Les habitants de Chavignolles

À aucun moment, les personnages n'ont d'existence psychologique, ni actancielle (c'est-à-dire n'ont de rôle suivi dans l'intrigue) ; ils servent soit de toile de fond, soit d' éléments d'une typologie sociale.

Certains apparaissent d'abord comme des **types sociaux** et adhèrent parfaitement à leur fonction professionnelle ou leur classe, dont ils incarnent les mœurs et les idées.

Faverges : comte de Faverges, se définit comme aristocrate, sauf de manière éphémère, pendant la révolution de 1848. Autrefois député, il ressemble à un magistrat. Est toujours partisan de l'Autorité, du pouvoir en place, de l'Église. Rigoureusement légitimiste*, est pour le bras de fer.

Marescot : notaire du village, adjoint au maire, conservateur. Il est amateur de tables tournantes et de céramiques.

Mme Bordin : veuve et rentière, elle a de petits yeux noirs, de l'embonpoint, et un peu de moustache. Souvent habillée dans une robe de soie « gorge-de-pigeon », elle séduit Bouvard par calcul, car elle souhaite acquérir sa ferme. Politiquement, elle est anti-républicaine.

Jeufroy : le curé du village, au visage lourd et au nez pointu. A des discussions régulières mais aigres avec Bouvard et Pécuchet sur des points de morale et de théologie.

Vaucorbeil : médecin dont la notoriété est locale. Bien sûr anticlérical, il est un dévot de la science, et de ce fait souvent en contradiction avec Bouvard et Pécuchet.

Foureau : le maire, conservateur et brutal. Il s'oppose violemment aux deux personnages, surtout depuis que leurs pilules lui ont donné des hémorroïdes. Il rêve de les mettre en prison.

Gorgu : un ouvrier, ancien menuisier, vagabond. Il essaie de réparer, en vain, le bahut de Bouvard et Pécuchet. Il participe aux manifestations d'ouvriers de juin 1848. Il incarne surtout la sexualité brute et cachée : amant successif de Mélie et de Mme Castillon, qu'il repousse violemment.

Personnages toile de fond

Barberou : ami de Bouvard à Paris, ancien commis voyageur. Il rencontre les deux protagonistes lors de leur pèlerinage à la Délivrande, et les édifie sur la religion.

Beljambe : adjoint du maire et aubergiste. C'est lui qui prépare le grand repas inaugural de Bouvard et Pécuchet à leur arrivée à Chavignolles. Il devient le patron de Mélie après son renvoi.

Mme Castillon : fermière dont le mari est paralysé, maîtresse de Gorgu.

Chamberlan : le bedeau de Jeufroy. Souffre de douleurs intercostales. Bouvard et Pécuchet tentent de le soigner par le magnétisme.

Coulon : juge de paix, somnolent et insignifiant.

Dumouchel : ami de Pécuchet à Paris, a publié une petite mnémotechnie. De passage à Chavignolles, lors de son voyage aux bains de mer, il retrouve les deux compères.

Mlle Yolande de Faverges : fille du comte de Faverges, doit épouser le baron de Mahurot.

La comtesse de Faverges : épouse du comte et mère de Yolande, placide et très enveloppée.

Germaine : vieille servante de Bouvard et Pécuchet, assiste inquiète, à toutes leurs expériences, mais leur demeure fidèle. Elle finit par partir, excédée, lorsqu'ils pratiquent la magie.

Girbal : directeur des contributions et capitaine des pompiers. Partisan du coup d'État de Bonaparte.

Gouy : fermier de Bouvard et Pécuchet, puis de Mme Bordin lorsqu'elle achète leur ferme.

Goutman : négociant en articles de piété, procure à Bouvard et Pécuchet toutes sortes d'objets religieux. Personnage louche.

Heurtaux : d'origine polonaise, ancien capitaine de l'Empire, propriétaire, favorable à Napoléon III.

Hurel : homme à tout faire du comte de Faverges, particulièrement bas et servile.

La Barbée : hystérique que Bouvard guérit grâce au magnétisme.

Langlois : épicier qui souffre constamment d'un catarrhe*, membre du conseil municipal de Chavignolles.

Larsonneur : ami de Jeufroy, avocat et archéologue féru de celticisme.

Le père Lemoine : il souffre de la goutte. Bouvard et Pécuchet tentent de le soigner par le magnétisme.

Le baron de Mahurot : ingénieur en visite à Chavignolles, il est pour le progrès et méprise tout ce qui n'est pas noble. Il doit épouser Mlle de Faverges.

Marcel : un simple d'esprit, au bec-de-lièvre mal recousu, souffre de boulimie*. Après le départ de Germaine, devient le domestique de Bouvard et Pécuchet.

Marianne : servante de Mme Bordin.

Mélie : blonde aux yeux bleus, elle est la domestique de Mme Castillon, puis de Bouvard et Pécuchet. Maîtresse de Gorgu, elle initie Pécuchet, qui a plus de cinquante ans. Mais elle est renvoyée lorsqu'il se découvre une « maladie secrète ».

Migraine : le maçon. il souffre d'une névrose de l'estomac. Bouvard et Pécuchet tentent de le soigner par le magnétisme.

Mme de Noaris : dame de compagnie de Mme et de Mlle de Faverges, très dévote, amoureuse de Pécuchet.

Placquevent : le garde-champêtre, dévoué au maire, conservateur, il est pour l'autorité paternelle.

Petit : nouvel instituteur de Chavignolles en 1848. Socialiste, anticlérical, initie Bouvard et Pécuchet au spiritisme.

Reine : servante de Jeufroy, pense comme lui, le défend contre les attaques de Bouvard et Pécuchet.

Romiche : tailleur bossu, il séduit Victorine dans le fournil.

Sorel : garde-chasse de Faverges, il flanque un procès à Bouvard et Pécuchet pour insultes.

Varlot : professeur, ami de Dumouchel, qui envoie des renseignements à Bouvard et Pécuchet. Il s'exile après le coup d'État du 2 décembre.

Victor : fils du criminel Touache, recueilli par les Faverges. Bouvard et Pécuchet lancent le défi de l'éduquer et le prennent chez eux à cette intention, mais ils échouent.

Victorine : sœur de Victor, elle est son pendant féminin. Bouvard et Pécuchet échouent aussi à l'éduquer.

D – LIEUX ET TEMPS

1. Le lieu

a. Deux espaces principaux : Paris et la province

Paris dans le premier chapitre est le lieu de l'aliénation professionnelle et de la banalité ; **Chavignolles**, quelque part dans le Calvados en Normandie le lieu de tous les espoirs, de toutes les expérimentations et des déceptions amères. Si le premier chapitre débute boulevard Bourdon, près de la Bastille, tout le reste du récit se passe en Normandie, à Chavignolles, y compris le retour à la case départ finale, au moment où les deux commis redeviennent des copistes volontaires.

Flaubert inverse la relation entre la province et Paris, propre au schéma du roman balzacien réaliste, et à celui de ses romans précédents. D'après celui-ci, la capitale est l'espace, à la fois référentiel, historique, et scénique de la conquête, de la promesse du succès. Dans *L'Éducation sentimentale*, Frédéric allait faire ses études à Paris, mais l'ironie consistait déjà dans l'inversion de la quête, déplacée du plan social au plan sentimental, aboutissant à l'échec.

Dans *Bouvard et Pécuchet*, ce sont des Parisiens qui accomplissent leur rêve encyclopédique à la campagne. D'ailleurs, au chapitre II, les deux commis sont appelés en une expression à connotation péjorative, pour la première et dernière fois « les deux Parisiens » (15/*75*), car ils viennent d'arriver et sont montrés du doigt, comme des curiosités, par les habitants de Chavignolles.

Écart originaire qui rend compte de l'ambiguïté des deux personnages dans la relation à leur entourage chavignollais. Leurs fantaisies sont perçues comme émanant de leur « étrangeté », mais en un phénomène d'inversion ironique, ce sont deux individus parfaitement inadaptés à leur milieu. La scène du repas du chapitre II vient illustrer leur impossible intégration rurale, dans un milieu qui imite piètrement la capitale.

b. Des espaces extérieurs ?

Un récit aussi circulaire et répétitif ne pouvait pas ne pas stagner en un même **espace confiné**, de surcroît isolé des grands axes de communication. Cependant, à maintes reprises, **le récit s'ouvre sur un espace extérieur**, lieu d'investigations des protagonistes ou tout simplement d'origine de certains personnages.

Ainsi, au chapitre I, les deux amis recherchent le lieu idéal de leur villégiature, comme l'avait fait Flaubert avant de trouver Chavignolles :

> Après dix-huit mois de recherches, ils n'avaient rien trouvé. Ils firent des voyages dans tous les environs de Paris, et depuis Amiens jusqu'à Évreux, et de Fontainebleau jusqu'au Havre. (11/*67*)

Leurs collections géologiques élargissant également leurs pérégrinations :

> [...] quand ils eurent vu des calcaires à polypiers dans la plaine de Caen, des phillades à Balleroy, du kaolin à Saint-Blaise, [...] ils décidèrent une excursion plus lointaine, un voyage au Havre pour étudier le quartz pyromaque et l'argile de Kimmeridge ! (54/*149*)

Mais « Yvetot vaut bien Constantinople » comme le suggère la finale ironique suivante :

> Un loueur de voitures les accosta, et leur offrit des promenades aux environs, Ingouville, Octeville, Fécamp, Lillebonne, « **Rome s'il le fallait** ». (54/*150*)

Là encore, il s'agit d'une fausse ouverture car si l'éloignement ultime est représenté par la côte du Havre à Fécamp ou par le lieu du pèlerinage, il s'agit bien de montrer un espace de carton pâte, à la facture quasi théâtrale. **L'espace est stylisé**, car il ne constitue pas un véritable champ d'action, mais **l'espace virtuel des élucubrations cérébrales de nos deux compères !**

2. La temporalité

a. Un ancrage réel

Comme il se doit dans un texte naturaliste, ou du moins possédant un ancrage réel, la temporalité est fixée sur des événements historiques, datés avec précision ; mais l'ensemble offre une impression flottante, voire incohérente.

La première date mentionnée est celle de **l'héritage de Bouvard**, seul événement digne d'être précisé, embrayeur du récit. Il apparaît à la page *62* et page 9 : « Un après-midi (c'était **le 20 janvier 1839)** Bouvard [...] reçut une lettre. » La lettre du notaire, quant à elle, date du 14 janvier 1839. Nous sommes en pleine période de la monarchie de juillet. Or, le récit commence en été « par une chaleur de trente-trois degrés », sans doute six mois plus tôt soit en juillet ou en août 1838. La fin du dixième chapitre s'achève quelque **trente ans plus tard**. Bouvard et Pécuchet ont près de quatre-vingts ans lorsqu'ils entreprennent l'éducation de Victor et Victorine.

Mais c'est le chapitre VI consacré, non plus aux sciences mais à l'idéologie et à l'histoire le plus daté. Deux dates significatives encadrent le chapitre : **25 février 1848** (95/*226*), avènement de la République et **3 décembre 1851** (111/*257*), avènement de l'empire suite au coup d'État du 2 décembre. Le rythme du récit n'est cependant pas fidèle aux événements, puisque la chronologie de la révolution de 1848 s'étale sur l'ensemble du chapitre, alors que les années suivantes, le retour des réactionnaires et le coup d'État, sont condensées en quelques pages.

Par conséquent, sans renoncer complètement au réalisme temporel, **Flaubert prend de grandes libertés dans le maniement de la chronologie**, soit en l'éludant quand elle est inutile, soit en la mettant en avant lorsqu'il s'agit de parler de politique, de l'effervescence républicaine en particulier.

b. Une temporalité stylisée

Bouvard et Pécuchet n'a rien d'une histoire réaliste malgré tout cela et l'Histoire n'est là, par moments, que pour rappeler que **ses contemporains sont la cible de la hargne de Flaubert**. Comme l'a montré René

Descharmes[1], « Il est impossible de concilier les indications de durée et les quelques dates fournies par le texte. » À la fin du récit, quoiqu'octogénaires, les personnages ne semblent guère transformés par le temps qui passe. « Dépassant le réalisme, *Bouvard et Pécuchet* renoue avec **la tradition du conte philosophique**[2] ». Le traitement lâche de la temporalité répond à ce souhait de **faire système**, analysé par Maupassant.

Le chapitre sur l'Histoire, pourtant le plus précis répond à ce même souci de soumettre la chronologie à une démonstration (ici, la vanité et la contradiction des idées politiques).

Bien que les principaux événements de la république soient mentionnés, le récit est elliptique et procède par allusions :

- 25 février 1848 : proclamation de la république à Paris (95/*226*)
- Le lendemain, elle est proclamée à Chavignolles (écho et décalage ridicules ?)
- 23 avril 1848 : le jour des élections (99/*233*)
- 15 mai 1848 : « envahissement de la Chambre » (99/*234*)
- premiers jours de juin (1848) : manifestation ouvrière.
- journées de juin (23-25 juin 1848) : insurrection ouvrière à Paris (102/*239*)
- 10 décembre (1848) : élection de Bonaparte (103/*242*)
- printemps (1849) : expédition à Rome (103-104/*242*)
- Proudhon à Sainte-Pélagie ; événement mentionné mais non daté.
- 15 mars 1850 : loi Falloux (105/*246*) mentionnée.
- 3 décembre 1851 : lendemain du coup d'État.
- Le lendemain : fusillade sur les boulevards à Paris.

Beaucoup de dates sont incomplètes, voire omises, et le tempo s'accélère après les journées de juin, comme s'il y avait de l'inéluctable dans le retour de la réaction et le coup d'État de Napoléon. Le peuple, autant que les conservateurs en sont responsables ; « **La plèbe, en somme valait l'aristocratie** » entend-on au dîner de Faverges (104/*243*).

La chronologie est donc essentiellement stylisée afin de servir la dénonciation de l'époque contemporaine.

---

1. René Descharmes, *Autour de « Bouvard et Pécuchet »*, chap. III, Paris, Librairie de France, 1921.
2. Préface de Claudine Gothot-Mersch à l'édition Folio, p. 35.

EXEMPLE D'ÉTUDE DE TEXTE

Lecture méthodique de l'*incipit*: « Comme il faisait une chaleur de trente-trois degrés,... comme on serait bien à la campagne ! », (*51-52*/3).

Flaubert avait conçu l'ensemble de son premier chapitre comme une vaste introduction à l'aventure « des deux cloportes » dont les péripéties ne commencent qu'au chapitre deux. Qui plus est, les toutes premières lignes devaient contenir en germe toutes les données de cette « odyssée de la bêtise humaine ». Ce passage est, plus qu'un autre, éminemment **programmatique**.

Plus précisément, en quoi est-il une mort annoncée de la bêtise dans un cadre pour ainsi dire théâtral ? Que présagent ces descriptions opposées des deux personnages ? Quelle est la dimension parodique de cette scène de première rencontre ?

A – DES LIEUX PROGRAMMATIQUES

1. Un cadre faussement réaliste

Bien qu'héritier du réalisme balzacien, **Flaubert a pris depuis longtemps ses distances par rapport au réalisme** au moment où il rédige *Bouvard et Pécuchet*. La référence concrète des noms de lieux fixe un cadre réel mais pour bien vite s'en éloigner. Ainsi, le début du récit place le lecteur à Paris, place de la Bastille, non pas en vue de la Seine toute proche mais le long du canal. Quatre noms propres précis, fonctionnant deux par deux désignent ce lieu : « le boulevard Bourdon, le canal Saint-Martin, la Bastille, le jardin des Plantes. » La binarité géographique annonce la dualité des personnages.

L'espace initial esquissé est **géométrique** et repose sur la **symétrie** ainsi que sur **l'antithèse**. La première opposition est celle du haut et du bas, le boulevard Bourdon est sis plus haut que le canal : la locution adverbiale « plus bas » inaugure la deuxième phrase. La deuxième opposition est celle de l'ouvert et du fermé : « le canal Saint-Martin, fermé par deux écluses ». La binarité est renforcée par la simple mention objective des adjectifs numériques « deux écluses », « deux rangs de barriques », mais aussi par les objets décrits. Un canal a été tracé artificiellement en deux lignes parallèles bordant les berges. L'espace ainsi dessiné offre le cadre d'un enfermement dans une figure sans fantaisie. La connexion logique, relation de cause à effet entre un « comme il faisait », et la conséquence du deuxième membre de phrase, « le boulevard se trouvait absolument désert » apporte une structure du **déterminisme** paradoxalement proche de la notion de fatalité. Les personnages seront emportés dans un tourbillon de nécessité extérieure qui échappera à leur volonté : pesanteur déterminante des choses, illusions de la volonté entraînée malgré elle, logique infernale de l'encyclopédisme. Les seules mentions de l'infini, de l'élévation ou de l'ouverture aboutissent à leur inverse, ainsi l'idée de négation douloureuse de la lumière « réverbération », « éblouissaient ».

À cela s'ajoute l'idée du vide, de la chaleur et de l'ennui, qui annonce sur le plan spatial une donnée existentielle des deux personnages : **la vacuité d'une existence répétitive vouée à l'Ennui** (on pourra presque parler de « bovarysme* » des deux personnages, notion qui se diffuse dans toute l'œuvre). Le terme qui achève la première phrase, le mot « désert », dont l'ouverture phonétique renforce le sens, n'est pas synonyme d'espace à conquérir, mais d'inhumanité d'un lieu fui de tous. La touffeur parisienne est le point de départ de cette sensation de manque des personnages, suggérée en narration omnisciente : « tout semblait engourdi », « désœuvrement du dimanche », « tristesse des jours d'été. » Ces expressions sont les prémisses logiques, les causes de la phrase consécutive finale de l'extrait : « comme on serait bien à la campagne ! » Mais l'objectivité crue de ces assertions, à la limite de l'évidence et des idées reçues — la chaleur est plus supportable dans la nature qu'en ville — est un véritable embrayeur du récit. Flaubert va conter l'histoire de deux Parisiens cherchant exil à la campagne, en réponse à leur ennui profond.

2. Un décor théâtral

C'est pourquoi, le troisième élément du décor n'est plus de l'ordre du cadre ou de la donnée existentielle mais a une **fonction quasi théâtrale** : il s'agit du banc sur lequel Bouvard et Pécuchet s'assoient en même temps : « Quand ils furent arrivés au milieu du boulevard, ils s'assirent à la même minute, sur le même banc. » Point de convergence de l'espace, point focal en quelque sorte, il est l'objet à partir duquel la description se transforme en récit, en action. Mais cette action commence par des paroles et des mimiques des personnages, en un début théâtral, qui du coup transforme la description précédente en toile de fond abstraite. On a maintes fois parlé d'un début à la Beckett. Dans *En attendant Godot*[1], Vladimir et Estragon opposent ainsi leur désespoir en des dialogues absurdes, parce que vides, mais n'est-ce pas plutôt Beckett qui est adepte de Flaubert, de son sens aigu du néant et du dérisoire ?

B – LA MORT ANNONCÉE DE LA BÊTISE

Passé au « gueuloir* », le texte a été particulièrement travaillé dans sa dimension phonétique et semble bien programmatique, du point de vue de la récurrence de certains sons et de certains rythmes. Ainsi le nom des personnages est-il disséminé phonétiquement dès cet *incipit**. Le bourdonnement de la bilabiale sonore « **b** » apparaît dès la seconde ligne à l'initiale du mot « **b**oulevard » et du nom propre « **B**ourdon ». En le prononçant rapidement, le mot « **b**oulevard » est calqué sur l'un des personnages éponymes*. Quant à la description du canal, elle frappe l'oreille par cette invasion sonore du même phonème : « **b**ateau », « **b**ois », « **b**erge », « **b**arriques » et plus loin « **b**anc ». Curieusement, le nom de Pécuchet semble moins envahissant, quoiqu'il se laisse à deviner dans les dentales de « trente-trois », « Martin » et surtout dans l'opposition entre **B**astille pour **B**ouvard et Jardin des **P**lantes pour **P**écuchet. Mais si la sonorité « b » domine, c'est parce qu'elle redouble une autre référence, celle de « l'encyclopédie de la bêtise ». Bien évidemment, cette lecture est prospective puisqu'on ne peut absolument deviner la nature de la bêtise ni la position des protagonistes par rapport à elle. Tout au plus peut-on plutôt repérer la permanence de ce « bourdon », qui au sens figuré signifie le « spleen », le cafard, l'ennui.

Sur le plan rythmique et structurel, il faudrait observer de près les échos, les parallélismes, ainsi que les symétries strictes des phrases. Pour n'en citer que les plus apparents, l'arrivée des deux protagonistes se fait sans transition et **de manière juxtaposée**, d'abord dans une même phrase par les expressions, « l'un », « l'autre » ; puis dans deux ensembles : « le plus grand », « le plus petit ». Ensuite, le procédé se trouve amplifié au niveau du paragraphe lorsque les deux amis sont décrits en focalisation interne, mais croisée (chacun observe l'autre et le décrit tour à tour) « Ses yeux bleuâtres… quelque chose d'enfantin » pour Bouvard observé par Pécuchet. « On aurait dit qu'il portait une perruque… une voix forte, caverneuse »

1. Cf. Étude sur *En attendant Godot* par C. Vuillard, coll. « Résonances », Ellipses, 1998.

pour Pécuchet observé par Bouvard. Tous les effets d'optique permis par les croisements des points de vue aboutissent à la notion de **double**, inséparable de celle de bêtise dans cet incipit*.

Cet espèce de bégaiement des personnages, des sons, des structures est souligné par une troisième notion, celle de **copie**. Là encore l'incipit* accomplit sa fonction programmatique et montre bien que l'histoire va concerner deux copistes finissant par redevenir copistes… par choix ! Ainsi, peut-on conférer sa pleine signification à la mention de « l'eau couleur d'encre », « de la ligne droite » — celle de l'écriture, « des ardoises », autant d'indices des aspects graphiques de l'écriture dans sa matérialité concrète. **À l'opposé de la noblesse de la création littéraire**, **Flaubert oppose l'humilité grotesque de la copie manuscrite**. La copie graphique se double d'un psittacisme* verbal, discrètement suggéré par la répétition sonore du mot « trente-trois », dont la référence médicale ne manque pas de piquant. Répétition et différence des unités et des dizaines multipliées par trois, annoncent bien la structure en spirale du recueil fait de reprises différenciées… Autant sur le plan structurel que thématique, la page initiale annonce la couleur !

Après avoir situé l'espace scénique, puis les enjeux thématiques, Flaubert met en place le système des personnages.

Mais quelles sont au juste les relations annoncées des deux protagonistes ?

C – UN COUPLE PARODIQUE

1. Des portraits contrastés : symétrie ou identité ?

Contrairement à l'habitude théâtrale ou romanesque consistant à présenter fort tard les « héros » de l'histoire, Flaubert introduit immédiatement les deux greffiers, les deux cloportes, les deux copistes, bref, ceux dont le titre a déjà présenté la respective rondeur et la ligne droite. Ce n'est qu'au chapitre deux que la procession officielle des habitants de Chavignolles introduira le monde social, même si dans les pages suivantes quelques relations parisiennes sont évoquées ainsi que quelques témoins du déménagement. C'est dire le statut bien particulier des personnages dans ce type de récit.

D'abord, c'est **la symétrie et le contraste** qui caractérisent cette première entrée en scène. La parfaite symétrie syntaxique, phonétique et rythmique de la phrase de départ indique une fausse gémellité. Sept syllabes pour la première clausule* « L'un venait de la Bastille », sept pour la seconde « l'autre du Jardin des Plantes ». Arrivés de deux horizons différents, — rive droite, rive gauche — ils sont néanmoins réunis par le même verbe mis en facteur commun « venait », sous-entendu dans le second membre de phrase. Similairement, la première phrase les réunissait dans le groupe sujet « deux hommes » et le verbe au pluriel « parurent ». Impossible de les distinguer au premier abord, et pourtant d'un côté l'espace vide de la Bastille détruite, trace de la Révolution, de l'autre, le Jardin des Plantes promesse des futures passions horticoles et arboricoles. Nous voyons bien que la **symétrie géométrique** de l'horizon dont sont issus les deux personnages, recouvre une **identité** que les expressions « l'un venait de », « l'autre de » résout par la répétition lexicale des deux adjectifs indéfinis « même ». Les multiples parallélismes syntaxiques, lexicaux, phonétiques n'ont de sens que pour confondre leurs êtres en une même voix narrative que les pronoms pluriels « ils » manifestent subtilement.

Après l'origine, viennent les silhouettes des personnages qui s'opposent à la manière de Don Quichotte et Sancho Pança. Une typologie classique — à la façon de La Bruyère — **esquisse un portrait en action**. Bouvard se caractérise par le débraillé et la rotondité : « le gilet déboutonné et sa cravate à la main ». Les habits ouverts, repoussés, ôtés de celui-ci forment contraste avec la disparition de Pécuchet à l'intérieur de ses vêtements : « disparaissait **dans** une redingote marron. » On croit reconnaître Giton et Phédon[1], à la nuance près que la distance sociale n'existe pas ici, elle est simplement caractérologique. Quant à l'antithèse des couvre-chefs, elle mériterait à elle seule un long commentaire : « chapeau en arrière » de Bouvard, et pour Pécuchet « il baissait la tête **sous** une casquette à visière pointue ». Le premier déborde, le second se dissimule. Le large et le grand pour l'un, le fin et le pointu pour le second, autant d'éléments d'une **caricature** à la Daumier.

La troisième série de portraits en opposition intervient de manière plus étendue après le bref dialogue. Mais cette fois, le champ de vision se fait plus rapproché, en gros plan et surtout le point de vue change puisqu'ils ne sont plus en focalisation externe, mais vus respectivement en focalisation interne, « Alors ils se considérèrent. »

Ce portrait plus complet oppose encore la **jovialité** de Bouvard, « visage coloré », « faisait bouffer », « frisé en boucles », « quelque chose d'enfan-

1. La Bruyère, *Caractères*, Giton et Phédon, p. 203- 204, édition Garnier.

tin » à **la raideur et la sécheresse** de Pécuchet : « air sérieux », « tout en profil », « tuyaux ». Une légère **tonalité grotesque** surcharge le portrait : « un pantalon à grand-pont qui godait par le bas », « on aurait dit qu'il portait une perruque », « ses jambes [...] manquaient de proportion avec la longueur du buste. » La voix est aussi mentionnée par contraste : « une espèce de sifflement continu » pour Bouvard, « une voix forte, caverneuse » pour Pécuchet.

Cette série d'antithèses construites deux à deux ne cache-t-elle pas une **complémentarité**, dont la nécessité narrative est construite autour du **caractère profondément comique de ce duo**, à la fois mécanique, répétitif, en écho ? C'est pourquoi, leur rencontre ressemble à **la parodie d'une scène de première rencontre amoureuse**.

2. Une scène de première rencontre parodique

Tout ce récit initial est organisé autour de la rencontre des deux personnages : il s'agit bien d'un motif essentiel. On sait à quel point la relation amicale est capitale pour Flaubert, tant sur le plan biographique (on songera à Bouilhet, Le Poittevin) que romanesque (Frédéric et Deslauriers dans *L'Éducation sentimentale*). Mais la particularité de cette rencontre est son caractère parodique, qu'elle déplace sur le plan amoureux et en empruntant aux lieux communs littéraires.

Le premier élément parodique est la reprise — en creux — de la notion de **fatalité**. Paradoxalement, la mise en place d'un décor systématisé géométriquement, la sécheresse événementielle retranscrite en narration omnisciente, le parallélisme des descriptions, concourent à une impression d'inéluctabilité. Le hasard semble être détenu et manipulé par une Providence, une instance supérieure, l'arbitraire de l'écrivain. La formule « ils s'assirent à la même minute, sur le même banc » semble la parodie réaliste d'un conte de fées. Le hasard qui enchante la rencontre est alors redoublé, puis triplé par une série de similitudes dont l'insistance prennent alors la dimension de **l'excès**, du bégaiement, du psittacisme*.

La **similitude** entre les deux personnages est exprimée syntaxiquement par le parallélisme des deux phrases : « le petit homme aperçut écrit dans le chapeau de son voisin : Bouvard [...] le mot : Pécuchet. » Dans le dialogue qui suit, les expressions « la même idée » ou encore « C'est comme moi » sont à ranger du côté de la parodie. Les deux cloportes, par leurs habitudes maniaques, leur fonction professionnelle, leur dérisoire affirmation de leur identité se ressemblent en tous points, comme deux amants destinés à **se**

reconnaître. Mais l'identification narcissique, qui fait aimer ce qui vous ressemble, est cette fois réduite, desséchée, presque minéralisée par la parodie. Que signifie cette précaution aussi méticuleuse que vaine consistant à inscrire leurs noms dans leurs couvre-chefs, sinon la **réduction de l'être à l'objet fétiche**, métonymie* de la personne (dont le « chef » est masqué !) et sa quasi-disparition, son déplacement vers une ligne d'écriture, copie infantile du nom propre ?

La cristallisation amoureuse est elle aussi parodiée dans le paragraphe de la mutuelle observation des deux copistes. La description est constituée en une focalisation interne croisée. L'échange de regards, lieu commun du coup de foudre, est ici déplacé de manière oblique en cet examen soutenu d'un personnage par l'autre. « L'aspect aimable de Bouvard charma de suite Pécuchet », « L'air sérieux de Pécuchet frappa Bouvard ». Le parallélisme et la variation constituent une parodie à eux seuls. L'immédiateté de la surprise amoureuse est exprimée par une locution adverbiale « de suite » pour Pécuchet, et un verbe « frappa » (comme la foudre ?), pour Bouvard. La rapidité de leur intérêt réciproque produit un tel accéléré qu'il y a une sorte de nécessité narrative à ce qu'ils se lèvent du banc de concert et poursuivent leur route ensemble. Quant aux portraits parallèles, on ne peut qu'en souligner la valeur caricaturale, parodique **par inversion** : quel charme accorder au « pantalon [...] qui godait par le bas [...] ; moulait son ventre » ou aux « jambes prises dans des tuyaux de lasting » ! **Idéalisation à rebours des personnages**, qui porte la marque de la férocité farcesque du narrateur...

En conclusion, cette première page est bien un condensé, une perle, une annonce de l'« Encyclopédie de la bêtise ». Premier tour du cycle suggéré par l'étymologie du mot « encyclopédie », il préfigure en creux, la narration d'une série d'aventures communes, il scelle définitivement le couple Bouvard-Pécuchet et donne le ton à la fois aigre et farcesque du récit. Il sera la dénonciation de cette folle illusion, qui consiste à espérer combler le néant d'une après-midi parisienne par la *libido sciendi**.

APPROCHES THÉMATIQUES

A – UNE ENCYCLOPÉDIE DE LA BÊTISE : DU DÉFAUT DE MÉTHODE DANS LES SCIENCES

Bouvard et Pécuchet, ayant reçu un héritage, décident de se retirer à la campagne, afin de mener une vie plus épanouie et de réaliser tous leurs désirs enfouis depuis longtemps. Or, leurs expériences horticoles les amènent vite à découvrir l'énormité de leur ignorance dans tous les domaines. Leurs aventures sont celle d'un grand voyage dans le domaine des sciences de leur époque qu'ils tentent, vainement, d'appréhender en totalité. Leurs échecs répétés signifient-ils, pour Flaubert, **la bêtise des deux hommes ou l'échec de la science et du positivisme*** de la fin du XIXe siècle, **ou encore l'impossibilité radicale du savoir ?**

1. Une entreprise rabelaisienne (La bêtise des deux hommes vient de leurs élans excessifs, de leur appétit monstrueux du savoir)

Lorsqu'il entame sa pile de quelque 1 500 livres, Flaubert présente *Bouvard et Pécuchet* en ces termes, et principalement, le second recueil inachevé, (dont *Le Dictionnaire de idées reçues*) : « C'est l'histoire de ces deux bonshommes qui copient une espèce d'encyclopédie critique en farce[1] ». Mise à part la question de savoir si une virgule a été oubliée après « copient » faisant alors du premier recueil une encyclopédie à lui seul, cette expression désigne l'objet du récit : la **farce** que constitue le **désir encyclopédique** de la connaissance. La bêtise, tournée en ridicule sur le mode de la farce, genre théâtral, populaire et médiéval, viendrait d'abord de cet **élan excessif**, **caricatural** des deux personnages, **de leur appétit monstrueux du savoir**. On oublie parfois la part rabelaisienne de Flaubert. Comme l'indique Thibaudet[2] :

> Aristophane et Rabelais [...] sont demeurés à son horizon comme ses dieux, mais cela [...] n'en est pas moins un déchet dont l'artiste se débar-

---

1. *Correspondance,* t. VIII, Bibliothèque de la Pléiade, Gallimard, 1973, p. 336.
2. Albert Thibaudet, *Gustave Flaubert*, chapitre I, « Les premières années », p. 22, coll. « Tel », Gallimard.

> rasse. Le Garçon est lié chez Flaubert à un bouillonnement de jeunesse, à un romantisme lyrique que les exigences de son art l'obligeront plus tard à resserrer, à refouler, à détruire, quitte à nous en laisser, par ce refoulement même et cette destruction, l'image en creux dans *Bouvard et Pécuchet.*

La référence rabelaisienne est reprise en 1843, par Du Camp, ami de Flaubert. Selon lui, les deux amis voulaient devenir des encyclopédistes « à la mode de Rabelais ». Pour pouvoir copier les sottises d'une époque, il importe d'abord de tout savoir, **d'avoir une vision panoramique**. La bêtise fustigée par Flaubert est celle qui consiste à confondre l'oralité de cet appétit de savoir avec les élans lyriques d'une connaissance totalisante. Eux aussi voient comme dans la *Lettre de Gargantua à Pantagruel* « un abîme de science ». De là, ce soin maniaque de l'écrivain consistant à souligner l'excès de leur enthousiasme : « cédant à une **ivresse**, il arrachait la pomme de l'arrosoir et versait à plein goulot, **copieusement** » (20/*85*), ou encore « Devant cet horizon de **merveilles**, Bouvard et Pécuchet eurent comme **un éblouissement**. » (28-29/*100*), sans compter (22/*89*) la formule suivante : « Excité par Pécuchet, il eut **le délire** de l'engrais. » Tous les stades du désir sont ici énumérés y compris la scatologie*. « Et il regrettait de n'avoir pas encore plus de fumier. Heureux les pays où l'on trouve des grottes naturelles pleines d'excréments d'oiseaux ! »

Le vertige d'un désir aussi infini qu'inassouvi est ici rendu en farce de manière grotesque, par **le recours au bas corporel**.

Par ailleurs, l'étymologie grecque du mot encyclopédie « *egkuklios paideia* » (c'est-à-dire « instruction embrassant tout le cycle du savoir ») met en valeur le **caractère cyclique** du savoir. À la fin de l'entreprise, on retourne à la case départ. Les deux employés copistes redeviennent copistes à l'issue de leur périple. La structure du recueil place les chapitres I et X en écho, en un premier tour d'horizon, puis une ultime révision pédagogique. **Le désordre participe également de ce côté rabelaisien de l'aventure**. Le pêle-mêle, la fatrasie* règlent la description de la chambre de Pécuchet, métaphore qui annonce le désordre des connaissances. Certes, mais les deux hommes reprennent les livres qui se trouvent dans leur bibliothèque, dans l'ordre où ils se trouvent ! Sous les pavés du désordre, la plage de l'ordre ? Là encore, l'ordre s'impose de l'extérieur sans nécessité aucune et s'apparente au chaos.

Que dire encore des débordements de la tentative de connaître qui font passer des expériences pratiques, (horticulture, art paysager, archéologie) à la théorie pure, puis l'histoire, son étude et sa pratique, à l'art d'aimer, puis la pédagogie ? **Cet enthousiasme rabelaisien** ne fait-il pas confondre les différents domaines d'investigation du réel au point que la *libido sciendi** se brouille avec la *libido dominandi** et... la *libido* tout court !

L'échec de cette dynamique se préfigure dans un lyrisme romantique, avatar* du mysticisme religieux. Mais Flaubert renvoie toujours dos à dos les deux bonhommes qui se côtoient en lui, et le **cléricalisme envahit le positivisme***.

2. Du défaut de méthode dans les sciences (Leurs échecs viennent de leur utilisation erronée de la méthode scientifique, qui elle-même est contradictoire)

Flaubert écrit au moment où **la pensée scientifique est la plus sûre d'elle-même**. Fils de médecin-chef des hôpitaux de Rouen, il règle ses comptes avec l'outrecuidance des zélateurs du progrès et la confiance aveugle sur elle-même du positivisme*. Auguste Comte[1] a écrit peu de temps avant lui et permet à la bourgeoisie de penser que les progrès techniques accompagnant la science vont garantir bonheur, progrès et pérennité. Dans sa lettre à Mme Tennant du 16 décembre 1879 :

> Ce que c'est ? Cela est difficile à dire en peu de mots. Le sous-titre serait : « du défaut de méthode dans les sciences. » Bref, j'ai la prétention de faire une revue de toutes les idées modernes.

L'échec des sciences résiderait alors dans leur mauvaise maîtrise, leur disparate et l'impossibilité de les utiliser selon un principe directeur, classification, non-contradiction, causalité.

Ce n'est pourtant pas faute de chercher une méthode que Bouvard et Pécuchet en manquent. Ainsi, pour l'étude de la géographie : méthode-Bouvard, pragmatique réaliste : « débuter par la commune » (177/*225*) ; méthode Pécuchet, systématique abstrait : « par l'ensemble du monde » pour la philosophie, « quelle sera la bonne méthode : l'ontologique ou la psychologique ? » (136/*203*) Mais leurs tentatives sont vouées à l'échec car **contradictoires** et faites de **tâtonnements successifs**. Leur méthode en pédagogie n'est guère plus brillante et leurs principes libéraux aboutissent à l'incurable inadaptation de Victor et Victorine (chapitre X). La conclusion

---

1. Auguste Comte (1798-1857), philosophe à l'origine de la doctrine du **positivisme** qui stipule que l'évolution sociale et intellectuelle de la société et de l'individu passent par différentes étapes progressives dont l'ultime est le stade positif et industriel, celui de la science et de la raison.

en est tirée dans le *Dictionnaire des idées reçues* : « *Méthode.* Ne sert à rien. » Ce n'est donc pas que la méthode choisie est inopérante, mais que par essence, toute méthode, quel que soit son principe directeur, est inefficace. **Pour atteindre le Vrai**, Flaubert le découvre à la fin de sa vie, **seule la littérature est productive**. « *J'avais raison* dit Flaubert, parce que l'esthétique est le Vrai, et qu'à un certain degré intellectuel (quand on a de la méthode) on ne se trompe pas ».

S'il est impossible de procéder à un ordre de la connaissance et d'opérer une classification des sciences entre elles, **le principe logique de non-contradiction est également mis à mal**. Il est du reste l'élément comique dominant du recueil, en particulier du second volume :

> Ils se consultaient mutuellement, ouvraient un livre, passaient à un autre, puis ne savaient que résoudre devant la diversité des opinions.
>
> (22, *88*, à propos de l'agriculture)

En se faisant définitivement copistes, Bouvard et Pécuchet exhibent par leur écriture parallèle la dualité, voire la duplicité* de la connaissance. Le sottisier final consiste à relever les aberrations logiques de propositions pseudo-scientifiques. Ainsi un extrait du *Traité élémentaire d'hygiène publique et privée,* 1867, t. II, p. 261, dit « Durée de la destruction complète des cadavres. Selon Gosselin : 30 à 40 ans, Franck : 24 à 25 ans, Walker : 7 ans, Pyler : 14 ans, Morte : 3 ans, Orfila : 15 à 18 mois. En France la moyenne admise est de 5 ans. » **La férocité de Flaubert à l'encontre des prétentions de la science** à interpréter le monde **par la mesure** devient morbide, trace de ses jeunes années passées aux côtés des cadavres de l'hôpital de Rouen. Le chapitre IV consacré à l'archéologie énumère sous forme narrative, les contradictions d'une science appliquée à l'histoire ancienne.

> La possession d'un tel morceau les attachait au **celticisme** de la Normandie.
>
> Ses origines sont **égyptiennes**. Séez, dans le département de l'Orne s'écrit parfois Saïs comme la ville du delta. (70, *178*)

Le celticisme d'origine égyptienne, contradiction à la fois géographique, logique et méthodologique… et dont les effets sont comiques !

Enfin, la loi première de l'expérimentation scientifique et de son commentaire théorique, à savoir **la loi de causalité** est, elle aussi fondamentalement remise en cause. « Où est la règle ? » se demandent les deux scientifiques en herbe. À l'opposé des principes du déterminisme scientifique et de l'optimisme d'un Claude Bernard, ou encore la prévision rigoureuse d'un Auguste Comte, Nos deux lascars perçoivent la contingence* absolue.

« Contrairement aux auteurs, les pigeons qu'ils saignèrent, l'estomac plein ou vide, moururent dans un même espace de temps. » La contradiction expérimentale met en évidence le fait que les mêmes causes ne produisent pas les mêmes effets ou plutôt, en l'occurrence que des causes adverses produisent le même résultat. De là, se trouve posée la question de l'exception qui confirmerait la règle ; mais là encore les deux protagonistes se trouvent confrontés à une aporie* vertigineuse. Le *Dictionnaire des idées reçues*, clef opératoire du sens du premier volume, le dit expressément : « *Exception.*— Dire qu'elle confirme la règle, ne vous risquez pas à expliquer comment. » Le chapitre sur la médecine, domaine bien connu de Flaubert illustre bien l'ignorance moliéresque de tous les médecins de son temps. Les mêmes remèdes ne soignent pas tous les malades, et le médecin n'est guère plus expert qu'un magnétiseur. Les aventures des deux personnages ne diffèrent guère de la médecine à l'occultisme*. De ce fait, **la science devient une affaire de foi, plutôt que de vérité** :

> D'où ils conclurent que la physiologie* est (suivant un vieux mot) le roman de la médecine. N'ayant pu la comprendre, ils **n'y croyaient pas**.
> (43, *127*, à propos de la physiologie*)

C'est pourquoi, il y a des causes sans effets, comme la communion « la chair de Dieu se mêle à notre chair et elle n'y cause rien ! » De même, il y a des effets sans cause.

Réciproquement, plus les deux cloportes se heurtent au labyrinthe logique de la causalité, plus le discours social ou le discours dogmatique, **celui de la bêtise est un discours de causalité**. À propos de la Révolution :

> La poudrière de Grenelle en sautant tua deux mille personnes ! Cause inconnue, dit-on, quelle bêtise ! Car Pécuchet n'était pas loin de la connaître. (74, *187*)

L'ignorance prend la figure d'une illusion de la causalité, véritable délire romanesque du déterminisme.

3. L'impossible savoir (inéluctabilité de l'ignorance, entre scepticisme et dogmatisme)

Face à tous les obstacles de l'expérimentation aussi bien que de la théorie, Bouvard et Pécuchet voient s'ouvrir l'abîme effrayant du **scepticisme**.

Tout leur semble un océan d'indifférenciation, les classifications sont arbitraires, les lois invérifiables et le déterminisme une farce. Il n'existe pas de point de vue absolu sur les choses, si ce n'est celui de **l'opinion commune et de la société**, **incommensurable avec celui de la quête scientifique**. Pour preuve, la méfiance des habitants de Chavignolles, échaudés de leurs fantaisies :

> Bref, ils devenaient incommodes ; — et les notables enjoignirent à Beljambe de ne plus recevoir ces deux particuliers. (190/*405*)

L'ignorance semble à l'issue de leur parcours une conséquence inéluctable. Il n'existe donc plus d'autre discours constitué possible que celui de la bêtise sociale reproduit dans le second volume. Devant l'impossibilité de la science, il ne reste qu'à faire silence et laisser la place au chahut des idées reçues.

À l'envers de la médaille du positivisme* se trouve le scepticisme, porteur de toute la négativité. Dans le *Dictionnaire des idées reçues,* on peut lire : « *Doute.*— pire que la négation. » Eux-mêmes s'étaient exclamé : « Oh ! le doute ! le doute ! j'aimerais mieux le néant ». L'impossibilité de connaître ne se solde pas pour les deux compères en une aimable suspension du jugement, en un « Que sais-je, » pyrrhonien* ou de la Renaissance, mais en un nihilisme* « l'affreuse désolation qui naît de la croyance en Rien » (comme le dit Sartre.) À propos de Vaucorbeil, Flaubert précise : « il jugeait les choses avec scepticisme, comme un homme qui a vu le fond de la science, et cependant ne tolérait pas la moindre contradiction. » Il sait ainsi qu'il n'y a rien à savoir. « Son ignorance est le comble de la science[1] ».

Mieux encore, il semblerait que Flaubert ait **renvoyé dos à dos les positivistes* et les sceptiques de son temps**, ainsi les peu célèbres Jouffroy et Saisset.

> Ceux-ci indiquent dans le doute deux moments antagonistes : d'une part le sceptique nie que l'intelligence puisse se fonder elle-même sans s'enfermer dans **un cercle vicieux**, d'autre part, l'homme continue de croire, bien que cette croyance soit sans valeur aux yeux de la raison[2]

Sans que cela puisse être prouvé, il semblerait que Flaubert ait même été consulter les commentateurs de ces philosophes en la personne de deux érudits dont les noms sont… **Picavet et Brochard**[3] ! Troublante homo-

---

1. Yvan Leclerc, *La Spirale et le Monument*, Présences Critiques, SEDES, 1988.
2. Jean-Paul Dumont, *Le Scepticisme et le Phénomène*, Vrin, 1985, p. 81 à 87.
3. *Ibid.*, p. 87 à 91.

phonie de nos héros éponymes*, sarcastique référence au couple grotesque dont les consonnes centrales ont été simplement échangées — un (ch) contre un (v) —, s'agirait-il là d'une signature discrète, d'un sens proposé, précisément l'absence de signification et le renvoi au **doute systématique** de l'auteur en cette fin de siècle ?

Le scepticisme ouvre donc sur son inverse, le dogmatisme qu'il s'agissait justement de dépasser au début de l'aventure. Le cercle est bouclé et la copie renvoie à la copie. Par intervalles, Bouvard et Pécuchet (et Flaubert) en viennent à désirer et à redouter tout à la fois qu'une autorité soustraite, à la discussion, pendant idéologique du bras de fer politique, impose une vérité définitive. Dumouchel souhaite que l'Institut établisse « une sorte de canon prescrivant ce qu'il faut croire[1] ! » Faute de savoirs, on en revient au discours social, à l'idée reçue et aux affirmations contradictoires des érudits qui **ne peuvent être fondés en vérité**. C'est pourquoi **la bêtise de l'encyclopédie devient une encyclopédie de la bêtise**. La totalisation scientifique est vaine, et la seule collection possible des savoirs est celle de la vanité sociale inconsciente d'elle-même.

Bilan

La frénétique aventure du savoir s'avère donc **vaine** pour les deux bonshommes, leur désir de connaissance est un tonneau des Danaïdes* où il est impossible de définir un ordre pour l'intelligence. Dans son *Plan de l'ouvrage* faisant suite au chapitre X, Flaubert oppose la vision noire que Pécuchet a de l'avenir dans la formule « pignouflisme universel » à celle de Bouvard plus progressiste « Quand la terre sera usée l'Humanité déménagera vers les étoiles. » Entre scepticisme* et positivisme*, on ne peut choisir et l'idée reçue reste la seule voie.

Mais n'est-ce pas là une **entreprise faustienne** où la *libido sciendi**, confondue avec la *libido dominandi** (la totalisation encyclopédique) fait perdre leur âme aux deux cloportes ? À ceci près que **la damnation**, c'est la série d'échecs répétés, la découverte de la bêtise et la soumission sarcastique aux discours publics. **L'enfer, c'est la copie !**

---

1. Yvan Leclerc, *La Spirale et le Monument*, Présences Critiques, SEDES, 1988, p. 91.

B – LA PROLIFÉRATION DE LA BÊTISE DANS *BOUVARD ET PÉCUCHET* EST-ELLE UN SIGNE DE SON AMBIGUÏTÉ ?

Lorsqu'ils se préparent à changer de vie, les deux cloportes s'attellent à une tâche presque impossible, aborder tous les domaines du savoir et de la culture. Bien vite, l'entreprise est incommensurable et va d'échec en échec. La science est rattrapée par les cérémonies sociales, la politique, l'éducation, tout aussi nécessaires à connaître. Mais **Flaubert dénonce-t-il la bêtise des protagonistes, le poids des idées reçues ou s'en fait-il le porte-voix ?** Chaque domaine contient sa propre forme de bêtise et un regard particulier de Flaubert sur elle.

1. La prolifération sociale de la bêtise : satire de l'ordre social

Dans *L'Idiot de la famille*, Sartre distingue **deux sortes de bêtises, la « bêtise comme substance » et « la bêtise comme négativité »**. D'un côté, le trop-plein des choses dans leur évidence, le déjà-là, de l'autre le néant de pratiques bourgeoises qu'il s'agit d'instrumentaliser. Dans cet écart, jamais Flaubert ne considère la bêtise sous la seule figure du Philistin*, de M. Prudhomme*, qui ne nuit d'abord qu'à lui-même. Pour lui, « la bêtise est une force positive et le sot devient un oppresseur. »

a. Le poids des conventions sociales

C'est pourquoi, dès le chapitre 2, Bouvard et Pécuchet décident après les premiers travaux de jardinage, d'inviter le haut du pavé de Chavignolles. Connaître, c'est aussi s'initier aux mœurs sociales. Après l'ordre du monde, l'ordre des hommes. À travers les portraits et la scène du repas, Flaubert dénonce la bêtise des personnages, dans leur ingénue tentative d'intégration sociale. Les deux cloportes sont tout aussi inutilement **conformistes qu'inadéquats**. « — et l'on entama les huîtres. Elles sentaient la vase. » L'observation stricte, voire excessive des conventions est un exemple de **la plénitude de la bêtise**. « Après une heure d'attente, Pécuchet annonça qu'on pouvait passer dans la salle. » Que signifie cette heure vide, temps réglementaire de l'attente du repas, sinon **le néant des pratiques reçues** ?

Les portraits sont à eux seuls, lors du solennel défilé d'arrivée en scène, un « catalogue des vêtements chic », tous ridicules dans leur pure exhibition : « Un flot de rubans roses s'agita derrière eux ; c'était le bonnet de Mme Bordin, habillée d'une belle robe de **soie gorge de pigeon**. » Quant au notaire, il apparaît « un lorgnon **dans** l'œil » Ce défilé préfigure le catalogue final copié par les deux commis, exposition des idées toutes faites admirées avec ferveur ici, puis renvoyées à leurs propres contradictions ensuite. Comme le disait Sartre, la « cérémonie » est toujours le moment de la lourdeur, du mécanique, du conventionnel et illustre la bêtise de ceux qui l'imitent.

« Le langage est un "tapis roulant de banalités[1]" » et se prête remarquablement à conserver, puis véhiculer la substance inerte de la pensée. « Le mot à lui tout seul est idée toute faite puisqu'il se définit en dehors de nous, par ses différences avec d'autres mots dans l'ensemble verbal. » La pensée est ainsi prise au piège des lieux communs et il est impossible de dire le Vrai. Les conversations des doctes au cours des repas annonce le *Dictionnaire* final.

> On en vint aux mets digestes ou indigestes. Le Docteur, naturellement fut consulté. Il jugeait les choses avec **scepticisme**, comme un homme qui a vu le fonds de la science, et cependant **ne tolérait pas la moindre contradiction**. (31/*105*)

b. Les expériences amoureuses

Elles sont le lieu de l'imbécillité des protagonistes. Dans le chapitre VII, après avoir expérimenté un ennui radical, nos deux compères en viennent par pur hasard et chacun de son côté, sans se consulter à l'expérience amoureuse. Pécuchet surprend Gorgu et Mme de Castillon en pleine scène de séparation.

> Ce qu'il venait de surprendre fut pour Pécuchet **comme la découverte d'un monde — tout un monde ! —** qui avait des lueurs éblouissantes, des floraisons désordonnées, des océans, des tempêtes, des trésors et des abîmes d'une profondeur infinie ; — un effroi s'en dégageait ; qu'importe ! il rêva l'amour, ambitionnait de le sentir comme elle, de l'inspirer comme lui. (115/*264*)

L'effraction que constitue le voyeurisme va déterminer l'aventure de Pécuchet, initié aux amours ancillaires* au fond d'une cave, puis, en conséquence affligé d'une maladie vénérienne. Son imbécillité, au sens de naïveté excessive, de manque de perspicacité montre qu'il est impossible aux deux lascars de s'initier. Dans ce domaine, pas plus que dans d'autres, **il n'y aura eu d'apprentissage**. Bouvard, quoiqu'ayant été marié, n'aura pas plus de jugement, puisque Mme Bordin l'épouse de manière intéressée pour

1. Jean-paul Sartre, *L'Idiot de la famille,* p. 626, Gallimard, 1973.

racheter son domaine. Finalement, il perdra tout, femme et domaine. La bêtise, dans ce cas n'est pas inhérente aux choses mais du fait des héros : lorsqu'il s'agit de relations intersubjectives, la responsabilité de l'ignorance incombe aux personnages. Comble d'ironie, leur amitié se relâche en même temps que leur douce folie amoureuse.

c. L'amitié mise à mal

Dans ce même chapitre, et il s'agit bien du seul, l'initiative n'est pas commune. Ils décident de se dépuceler ou de revenir aux amours, de manière parallèle mais séparée. Tout se passe comme si la relation amoureuse était exclusive de leur amitié :

> Il [Pécuchet] trouvait le ciel injuste, se sentait comme déshérité, et son ami ne l'aimait plus. Bouvard l'abandonnait tous les soirs. (115/*264*)

Tout au plus, vient-il le questionner de manière anodine sur la manière de séduire les femmes :

> Il questionna Bouvard sur la manière dont les libertins s'y prennent pour avoir des femmes. — On leur fait des cadeaux ! on les régale au restaurant. [...] on les porte sur un canapé, d'autres laissent tomber par terre leur mouchoir... J'en ai connu, qui sous l'apparence de Saintes, étaient de véritables Messalines ! Avant tout, il faut être hardi !

Là encore, le désir de connaissance passe par les mêmes stades que la démarche scientifique : **enthousiasme initial** qui oriente et soutient l'entreprise, né d'un désir mimétique (en creux, ici puisqu'il s'agit d'une scène de rupture, donc d'échec !), puis **quête de documents et d'information** (le questionnaire de Pécuchet à Bouvard plus expérimenté) où pointent la lourdeur et les sottises des idées toutes faites. Chacun sait s'il est aisé d'en puiser dans les discours sur les femmes... Ensuite viennent la mise en pratique **dans le champ du réel, les déceptions et le démenti des attentes lyriques** :

> Mélie ne s'évanouit pas, ne laissa pas tomber son mouchoir et Pécuchet ne savait pas à quoi se résoudre, son désir augmentant la peur de le satisfaire. (116/*266*)

Enfin, on termine par l'échec, le ridicule puis le dépassement vers un autre type d'activité, ici le retour à l'amitié initiale. Dans ce domaine, comme dans tous les autres, il y a une **circularité** :

> C'était le désir d'en avoir (= des femmes) qui avait suspendu leur amitié. Un remords les prit. – « Plus de femme, n'est-ce pas ? Vivons sans elles ! » — **Et ils s'embrassèrent avec attendrissement**. (119/*271*)

La conclusion de leur quête de savoir en matière féminine se solde par une ignorance revendiquée. La bêtise n'est pas dans les choses, mais dans le sujet qui les aborde, en l'occurrence nos deux imbéciles.

2. La politique ou la bêtise négative

a. La surprise du réel historique

Parfois, l'événement est l'occasion du désir de connaissance avec tout le caractère d'urgente immédiateté qu'il peut avoir. Le chapitre VI articule le savoir à la consistance du réel historique et non à l'illusion lyrique d'un objet lointain. Ainsi, le passé archéologique, ou au chapitre V, l'appréhension de l'historique par le biais du romanesque. « Six mois plus tard, ils étaient devenus des archéologues », « Ils lurent d'abord Walter Scott. **Ce fut comme la surprise d'un monde nouveau** », « Dans la matinée du 25 février 1848, on apprit à Chavignolles, par un individu venant de Falaise, que Paris était couvert de barricades — et le lendemain, la proclamation de la République fut affichée sur la mairie.

« Ce grand événement **stupéfia** les bourgeois. »

Entre les trois chapitres successifs, l'ordre semble être inversé, puisque l'on commence par la fascination du passé lointain, le récit héroïque de l'Histoire, puis la réalité brusque. Le désir de savoir semble toujours être parti d'un fantasme, d'une irréalité, la littérature, pour finir par **la surprise du réel**. La stupéfaction qui s'empare des bourgeois de Chavignolles montre l**e caractère dérangeant du devenir historique**, dont le savoir se réduit aux possibilité d'un essor économique. L'embrayeur du récit n'est pas là l'imitation d'une science préexistante, mais l'opacité de choses, bien entendu issues de la capitale.

b. L'engagement ou la politique du perroquet

Mieux encore, l'immédiat acquiescement de la population et la joie des deux bonshommes montre qu'en ce domaine, il n'y a pas d'apprentissage possible du savoir, mais un écho, une imitation, une copie. **La bêtise est ici psittacisme*** : répétition sonore du perroquet se faisant patriote, républicain, ami du peuple : « Comme à Paris on plantait des arbres de la liberté, le Conseil municipal décida qu'il en fallait à Chavignolles. » Le lien de cause à conséquence signifie **le principe de copie**, principe de la relation entre la province et Paris au XIXe siècle. Mais cette copie est **dégradée de manière grotesque**, par le recours à la ruralité « bovine », si l'on peut risquer cette expression :

> Gorgu, leur obéissant avec zèle déplanta un des peupliers qui bordaient la prairie [...] et le transporta jusqu'au « **Pas de la Vaque** », à l'entrée du bourg, endroit désigné. (95/*226*)

Chez Flaubert, il y a toujours une vache bien placée pour rappeler au lecteur la consistance lourde et ruminante du réel ; il contamine et dénonce, vidant de leur contenu les signifiants les plus élevés ! Ainsi, dans *Madame Bovary*, le passage des comices agricoles superpose les élans lyriques d'Emma, les discours stéréotypés et les mugissements bovins. La technique de la polyphonie superpose les différents niveaux pour les faire tous exploser.

c. Des voix politiques contradictoires : le brouillage du sens

La bêtise prend ici une forme collective, dans cette frénésie des différents acteurs sociaux à participer au vent de l'Histoire. Mais là aussi, il s'agit d'une apparence dégradée, dont les aspects prennent davantage de sens qu'une simple parodie. Des révolutionnaires qui renversent les structures politiques à ceux qui récupèrent la situation au profit de leur intérêt personnel, prélude à leur retournement de veste opportuniste, il n'y a qu'un point commun : l**a frénésie**. La dénonciation que Flaubert opère est **dérision**, **juxtaposition des contraires et incohérence**, **proche du brouillage**. Aucun savoir historique n'est ici possible, ni aucune inscription du sujet dans le réel autre que dans l'adaptation servile au vent des choses :

> Ce vertige de la députation en avait gagné d'autres ; [...] le curé [y rêvant] entre deux prières — tellement que parfois il se surprenait les yeux au ciel, en train de dire : « Faites, ô mon Dieu ! que je sois député ! » (98/*232*)

Suprême orgueil, dont on ne dit pas s'il est un péché capital ou un péché mignon... Le 10 décembre, retournement de veste : « Le dix décembre, tous les Chavignollais votèrent pour Bonaparte. » En quelques pages, le peuplier du Pas de la Vaque subit un sort cruel :

> Bouvard vit de ses yeux les morceaux de son peuplier sur une brouette. Ils servirent à chauffer les gendarmes ; — et on offrit la souche à M. le Curé — qui l'avait béni pourtant ! **Quelle dérision !** (104/*244*)

Si la bêtise est opaque et substantielle chez les humains, elle prend aussi la deuxième forme que Sartre appelle « la négativité de la bêtise ». Il y a une oscillation du sens, et Flaubert semble écrire la sottise politique, l'absorber et la vomir à la fois sans proposer de sens positif.

C'est pourquoi, il renvoie dos à dos toutes les opinions, dont deux variantes sont celles des deux protagonistes. Ni le conservatisme ni le progressisme, ni la monarchie ni la république ne peuvent garantir le progrès. La politique est une gigantesque farce :

> – « Ce n'est pas une science » reprit Pécuchet (112/*258*)

Lorsqu'ils étudient le suffrage universel, ils s'opposent mais c'est la méfiance envers le peuple qui semble la voix de Flaubert. Déjà, il paraissent conscients de la bêtise de leurs contemporains, des foules en particulier, et de la nécessité de l'instruction (toujours le savoir !).

> Appartenant à tout le monde, **il ne peut avoir d'intelligence**. Un ambitieux le [peuple] mènera toujours, les autres obéiront comme un troupeau, [...] — De même, par le fait seul de la foule, **les germes de bêtise qu'elle contient se développent** et il en résulte des effets incalculables.
> – « Ton scepticisme m'épouvante ! » dit Pécuchet. (103/*242*)

Puisqu'il n'y a pas de savoir politique possible, il ne reste qu'à s'écarter de la politique :

> Bouvard songeait ; – « Hein, **le Progrès**, **quelle blague !** » Il ajouta : – Et la politique, une belle saleté ! (112/*258*).

Flaubert parle à travers ses personnages et ce n'est pas leur bêtise qu'il fustige mais l'attitude négative, la sienne qu'il expose comme résultante de la bêtise universelle.

D'une assertion à l'autre, il y a le cheminement de l'expérience, des observations et de l'échec. Mais peut-on éduquer le peuple ? La question montre que l'éducation est au cœur de cette odyssée des personnages.

3. L'éducation impossible

Reproduire a été une ambition de départ pour les deux employés. Le premier rêve, s'établir à la campagne, s'accompagne de l'idée de multiplication, de fructification. Leur idéal voltairien, **cultiver son jardin**, entreprise éminemment bourgeoise fustigée par cet anti-voltairien qu'est Flaubert, suppose de semer, d'engraisser, de reproduire. Or, **la nature se rebelle** contre les deux apprentis jardiniers en produisant des monstres. Les choux deviennent si gigantesques qu'ils sont inconsommables, et ainsi pour la plupart de leurs plantations :

> Bouvard tâcha de conduire les abricotiers. Ils se révoltèrent [...] Les cerisiers, auxquels il avait fait des entailles, produisirent de la gomme.
> (26/*96*)

La relation imaginaire entre l'art du pépiniériste et celui de l'éducation est nettement marquée par cette curieuse métaphore :

> Incessamment, ils parlaient de la sève et du cambium, du palissage, du cassage, de l'éborgnage. Ils avaient au milieu de leur salle à manger, dans un cadre, **la liste de leurs élèves**, avec un numéro qui se répétait dans le jardin, sur un petit morceau de bois, au pied de l'arbre. (26/*96*)

La bêtise mise en scène par Flaubert consiste à attendre de la nature une récompense qu'elle ne peut pas ici donner, **la reproduction du même** et sa multiplication. N'est-ce pas là une figure différenciée de la copie, de la répétition, du double ? Mais l'erreur des personnages est de confondre l'ordre de l'éducation et l'ordre du naturel. Malgré tous leurs efforts rien n'aboutit.

À la fin de la narration, il en va de même quand ils tentent de rendre sociables Victor et Victorine, à qui Flaubert inflige la lourde ascendance de criminels. En une troublante symétrie, là aussi le (mauvais) naturel des deux enfants se rebellera. Il n'est donc jamais possible de redresser la nature. Extraordinaire diatribe* contre **la vanité de la pédagogie** et **la prétention de la science** de corriger les fléaux naturels ! Mais vouloir éduquer, même les sujets les plus difficiles, c'est reproduire un système de valeurs sociales et se faire porteur de la bêtise constituée.

Or que dit le premier paragraphe du livre X ? « Ils se procurèrent plusieurs ouvrages touchant l'Éducation — [...] et **d'après la méthode expérimentale suivre le développement de la Nature**. »

Ils tentent donc **une éducation inspirée de Rousseau**. Endurcir le corps, entraîner à la lecture et la copie, multiplier les expériences, et ne pas oublier l'éducation sexuelle. Mais lorsque tout échoue, Pécuchet trouve une explication simple :

> Mais il y a des natures dénuées de sens moral ; — **et l'éducation n'y peut rien.**
> – « Ah ! oui ! c'est beau, l'éducation. » (192/*408*)

L'idéologie du progrès est là encore dénoncée, mais l'ambiguïté de l'attitude de Flaubert transparaît ici. Il se fait « bouc-émissaire » de la bêtise par l'intermédiaire de ses personnages En même temps, il condamne la bêtise et il est fasciné par elle, comme le montre le projet des deux héros : reproduire les valeurs sociales qu'ils ont pourtant dénoncées. Ils décident alors de lancer un cours pour adultes, mais tout le village va se rebeller contre eux. On va leur envoyer les gendarmes et les accuser **d'obscénité**.

En guise de bilan

La prolifération de la bêtise montre que tous les domaines de la connaissance sont liés. L'odyssée de la connaissance, c'est celle de la culture. La multiplicité des regards de Flaubert va parfois jusqu'à la contradiction. Il signifie ainsi la volonté de se démarquer de sa classe sociale, sans stratégie d'intégration, mais en même temps son incapacité à s'en démarquer réellement. Il est un **martyr**, pour ainsi dire, **christique*** de la bêtise.

C – LE « GROTESQUE SÉRIEUX »

Dans sa lettre à Mme R. des Genettes, du 19 août 1872, Flaubert décrit son histoire de la manière suivante : « C'est l'histoire de deux bonshommes qui copient une espèce d'encyclopédie critique **en farce** ». Ailleurs, il souligne « **le grotesque sérieux** » de cette odyssée du savoir. Entre ces deux écarts, comment juger le sens du comique dont les aspects sont protéiformes ? Est-il pure blague, gigantesque **éclat de rire rabelaisien** à l'encontre des deux commis ? Est-il **fiel** déversé dans la rage de dénoncer la bêtise des contemporains ? Ou bien est-il **dérision** suprême du vide de l'existence ? Selon les cas, la tonalité et la signification globale de l'œuvre prennent une tournure diamétralement opposée.

1. La farce

a. Le grotesque des personnages carnavalesques

Il est un fait certain, les deux bonshommes font rire, fous ridicules qu'ils sont dès leur première entrée en scène. Leur allure générale, leur démarche, leur accoutrement évoque plutôt le grotesque de personnages de la commedia dell' arte* ou de la farce que des héros de romans. Leurs traits sont à la fois **stylisés, épurés à l'extrême** et exacerbés : « la casquette à visière pointue » de Pécuchet, (3/*51*) « le gilet déboutonné » de Bouvard, son « pantalon à grand-pont qui moulait son ventre », (3/*52*) tout suggère le dessin, avec les traits et les courbes du caricaturiste. En revanche, du côté de **l'outrance** se trouve la description de leurs deux rires, opposés et symétriques :

> [...] qui faisaient rire Pécuchet ; c'était un rire particulier, une seule note très basse, toujours la même, poussée à de longs intervalles. Celui de Bouvard était continu, sonore, découvrait ses dents, lui secouait les épaules, et les consommateurs à la porte s'en retournaient. (5/*55*)

Leurs démarches respectives sont aussi de l'ordre de la caricature stylisée :

> Bouvard marchait à grandes enjambées, tandis que Pécuchet multipliant les pas, avec sa redingote qui lui battait les talons **semblait glisser sur des roulettes**. (7/*60*)

Leur théâtralité est maintenue dans tout le roman, par la mention de **leur goût pour les déguisements**. À chaque fois qu'ils s'inventent une nouvelle passion, ils éprouvent le besoin de se déguiser en spécialistes de leur nouvel art. Ainsi, ils se lancent dans l'agriculture :

> Habillés d'une blouse bleue, avec un chapeau à larges bords, des guêtres jusqu'aux genoux et un bâton de maquignon à la main, ils rôdaient autour des bestiaux, questionnaient les laboureurs, et ne manquaient pas d'assister à tous les comices agricoles. (19/*82*)

Plus loin, encore on lit : « Ils puchaient dans la cuve, surveillaient les bondes, portaient de lourds sabots, s'amusaient énormément. » (19/*83*) Leur infantilisme, le caractère ludique de leurs expériences, le désir de se changer par le costume, tout désigne leur **ridicule carnavalesque**, **leur bouffonnerie**.

La dualité est aussi constitutive de leur caractère grotesque. Leurs actions et leurs goûts semblent déréalisés parce que répétés en écho ou en contraste. Soit qu'ils s'opposent soit qu'ils se rejoignent, ils apparaissent comme un couple ridicule : « Quand [la prostituée] fut plus loin, Bouvard se permit une réflexion obscène. Pécuchet devint très rouge et sans doute pour s'éviter de répondre, lui désigna du regard un prêtre qui avançait. » (4/*54*) ou à propos de la religion : « Bouvard dès qu'il aperçut le tricorne, se déclara soulagé car il exécrait les jésuites. Pécuchet, sans les absoudre, montra quelque déférence pour la religion. » (4/*54*) Ces contrastes, ces complémentarités font surgir un accord profond, une affinité existentielle :

> Ils dénigrèrent le corps des Ponts et Chaussées, la régie des tabacs, le commerce, les théâtres, notre marine et tout le genre humain, comme des gens qui ont subi de grands déboires. Chacun en écoutant l'autre retrouvait des parties de lui-même oubliées ; — et bien qu'ils eussent passé l'âge des émotions naïves, ils éprouvaient un plaisir nouveau, une sorte d'épanouissement, le charme des tendresses à leur début. (4/*54*)

Leur identification grotesque comporte une note acide, voire tragique.

Leurs portraits parallèles en action contribuent également à **l'atmosphère farcesque** de l'entreprise. Ainsi, après que Bouvard a hérité, leurs attitudes au moment de leur départ de Paris sont farcesques :

> Bouvard rentré chez lui, aspira sur son balcon une large bouffée d'air en se disant : « Enfin. » Il se rappelle des jours heureux passés dans cette grande ville, des pique-niques au restaurant, des soirs au théâtre, les commérages de sa portière, toutes ses habitudes ; et il sentit une défaillance de cœur, une tristesse qu'il n'osait pas avouer. (12/*69*)

À la sentimentalité diffuse et joviale de Bouvard s'oppose la sécheresse rageuse de Pécuchet, déjà enragé d'inscrire son nom partout, figure dérisoire de la copie :

> Pécuchet jusqu'à deux heures du matin se promena dans sa chambre. Il ne reviendrait plus là ; tant mieux ! et cependant, pour laisser quelque chose de lui, **il grava son nom** sur le plâtre de la cheminée. (12/*69*)

La fin du chapitre clôt de manière très visuelle cette présentation grotesque des deux amis en utilisant les deux procédés clefs du grotesque. D'un côté, **l'agrandissement quasi expressionniste** :

> Quelquefois une araignée fuyait tout à coup sur le mur ; — et les deux ombres de leur corps s'y dessinaient agrandies en répétant leurs gestes. (14/*72*)

Reflet déformant (celui de la caverne de Platon ?), grossissement aussi bien ridicule qu'effrayant, et répétition, toutes les données initiales du ridicule sont là et correspondent au thème du savoir impossible qui se résout en copie. D'un autre côté, **la dualité contradictoire** est esquissée en cette superbe évocation du couple endormi :

> Déshabillés et dans leur lit, ils bavardèrent quelque temps, puis s'endormirent ; **Bouvard sur le dos**, la bouche ouverte, **tête nue**, **Pécuchet sur le flanc droit**, les genoux au ventre, **affublé d'un bonnet de coton** ; — et tous les deux ronflaient sous le clair de lune, qui entrait par les fenêtres. (14/*73*)

b. L'énormité et le comique rabelaisien (le bas corporel)

Le grotesque n'est pas seulement la déformation ridicule, c'est aussi **l'énormité** qui confine parfois à la **monstruosité**, comme le suggèrent ces personnages appelés « grotesques », sculptés aux chapiteaux des églises, envers ludiques et monstrueux des édifiantes représentations de la sainteté. **L'excès** est bien le premier défaut de méthode des deux apprentis dont ils font les frais :

> La nuit, il n'en dormait pas. Plusieurs fois même, il se releva ; et pieds nus dans ses bottes, en chemise grelottant, il traversait tout le jardin pour aller mettre sur les bâches la couverture de son lit. (21/*86*)

Le résultat est aussi excessif :

> Les choux le consolèrent. Un, surtout, lui donna des espérances. Il s'épanouissait, montait, finit par être prodigieux, et absolument incomestible. N'importe ! Pécuchet fut content de **posséder un monstre**. (21/*86*)

Le comique de la monstruosité se fait parfois **rabelaisien au sens du bas corporel**. Ainsi, la dimension scatologique* fait contraste avec la noblesse de l'entreprise :

> Excité par Pécuchet, il eut le délire de l'engrais. [...] Il employa la liqueur belge, le lizier suisse, la lessive *Da-Olmi*, des harengs saurs, du varech, des chiffons, fit venir du guano, tâcha d'en fabriquer — et poussant jusqu'au bout ses principes, ne tolérait pas qu'on perdît l'urine ; il supprima les lieux d'aisance. Bouvard souriait au milieu de cette infection. (22/*89*)

L'obscénité est parfois mise en relief afin de montrer la nature de la passion qui dirige les deux cloportes, comme si désir d'investigation intellectuelle et libido étaient confondus (70/*179*, à propos des recherches archéologiques) :

> Donc, le tumulus symbolise l'organe femelle, comme la pierre levée est l'organe mâle ; [...] En effet, où il y a des menhirs, un culte obscène a persisté. [...] Anciennement, les tours, les pyramides, les cierges, les bornes des routes et même les arbres avaient la signification de phallus — et pour Bouvard et Pécuchet tout devint phallus.

Absence de sens logique, extrapolation, systématisation abusive jusqu'à l'obsession, la démarche de nos deux compères est bien obscurcie. Mieux encore, la confusion de tous les ordres les rend grotesques, ainsi l'association du désir et du mysticisme : « Tout jusqu'à la fraîcheur des murailles leur causa un **frémissement de plaisir, une émotion religieuse**. »

Mais cette confusion du positivisme*, du mysticisme* et du sexuel n'est-elle pas le fait de l'opinion sociale autant que de l'ingénuité des personnages ?

2. Vomir la bêtise des contemporains

a. Satire des vanités sociales

La *Correspondance*, les *scénarios*, les *carnets* de Flaubert l'attestent tous, son projet est de faire une œuvre **miroir de la bêtise**, et à cet égard les deux protagonistes n'en sont que le faire-valoir. La bêtise des valeurs bourgeoises est la première cible, dans son contenu, son inanité et sa suffisance :

> Le schème de *Bouvard* est en somme celui du *Bourgeois gentilhomme ;* le bourgeois figuré sous les traits d'un vieillard abécédaire, d'un écolier hors de saison[1] ; [...]

Mais la bourgeoisie est fustigée **à travers les héros et en dehors d'eux**.

Le premier signe en est la part sociale par excellence, le nom propre. **L'onomastique* ridicule** est un élément important du comique et de la critique sociale. L'aristocrate, autorité archaïque du village, comporte une obscénité dans son nom « le comte de Faverges », le médecin anticlérical et positiviste* prend un aspect bovin au simple rappel de la première syllabe de son nom « Vaucorbeil », la sensualité multiple et brutale de l'ouvrier est suggérée par la sonorité grossière de son nom « Gorgu ».

Les scènes de repas fonctionnent de manière plus explicitement **satirique**, puisqu'ils sont l'occasion d'un cérémonial, d'une gestuelle et surtout de discours morts, stéréotypés, objets du *Dictionnaire des idées reçues*. Les dîners et les conversations chez le comte de Faverges reproduisent ceux des Dambreuse dans *L'Éducation sentimentale*. Ils dépassent donc le cadre de la satire de l'intelligence de Bouvard et renvoient en écho à peine déformé au siècle lui-même. Alternant le discours direct et le style indirect libre, Flaubert donne aux paroles tantôt le relief de la sottise tonitruante :

> Foureau demanda à Mme Bordin si elle aimait les farces ?
> – « ça dépend de quelle espèce » répondit-elle. (3/*105*)

tantôt celui de la lourdeur collective :

---

1. Albert Thibaudet, *Gustave Flaubert*, coll. « Tel », Gallimard, p. 218.

> Foureau exaltait le gouvernement. Hurel ne voyait dans le monde que la propriété foncière. L'abbé Jeufroy se plaignit de ce qu'on ne protégeait pas la religion. Pécuchet attaqua les impôts. (33/*109*)

Une simple description caricaturale suffit parfois à dénoncer la grossièreté :

> M. Foureau [...] était brutal cependant, comme l'indiquaient ses grosses lèvres et sa mâchoire de bouledogue. (24/*92*)

Là encore la dénonciation de la bêtise passe par l'exhibition de son énormité, de son caractère grotesque.

b. L'opacité du réel, comique de la dissonance entre la frénésie du savoir et la ruralité

Le réel revient toujours en force malgré les efforts des deux personnages pour y échapper. Leur apprentissage, leur odyssée de l'intelligence se fait dans un **mouvement pendulaire entre les élans lyriques et la contradiction que la réalité inflige**. L'effet est non seulement celui du contraste logique — leurs échecs successifs —, mais celui de la **dissonance**, source du comique. Le premier exemple en est l'écart entre la grandeur des projets agricoles de Bouvard et l'absurdité de son ingéniosité technique tournant à vide. L'épisode des poules en est le plus croustillant, tant par l'aveuglement de l'intelligence qu'il manifeste que par son caractère farcesque et **absurde** :

> Il imagina pour détruire les mans d'enfermer des poules dans une cage à roulettes, que deux hommes poussaient derrière la charrue — ce qui ne manqua point de leur briser les pattes. (23/*90*)

Le second exemple de dissonance est le plus courant dans le texte ; il concerne **l'opposition entre l'acharnement** des deux cloportes à dominer le réel par la science et la technique **et la révolte**, ou tout simplement la lourdeur de l'ordre des choses, **de la nature**, **du réel**. Dans cette perspective, les épisodes les plus grotesques mettent tous en scène la ruralité bovine. Rappelons que les noms de Bouvard et Pécuchet s'inscrivent dans ce type d'animalité. Bouvard fait référence à « *bovus*, le bœuf » et Pécuchet à « *pecus*, la brebis ». Plus leurs élucubrations sont ésotériques*, plus le réel revient en force de manière grotesque. Ainsi, c'est une vache qui piétine un buffet au milieu de la cour au chapitre IV et les rappelle à leurs fonctions de propriétaires. Ils viennent de se heurter aux apories* de la reconstitution historique, avec la rédaction de la vie du duc d'Angoulême quand ils retrouvent un désordre indescriptible chez eux, la bonne troussée par Gorgu et les meubles abandonnés :

> Ensuite, il allèrent voir le bahut
> Ses morceaux épars jonchaient le fournil [...].
> À ce spectacle, devant cette déception nouvelle, Bouvard retint ses pleurs et Pécuchet en avait un tremblement.
> Gorgu se montrant presque aussitôt, exposa le fait : il venait de mettre le bahut dehors pour le vernir quand une vache errante l'avait jeté par terre.
> (80/*198*)

Collusion grinçante entre le passé grandiose d'un duc prestigieux et la **trivialité de l'objet bourgeois** (le meuble) mis à mal par une **réalité organique et rurale** (la vache) !

Lorsqu'ils s'essaient au magnétisme, les meilleurs patients sont des bovins :

> Les gargouillements que l'on entendait dans le ventre de la vache provoquèrent des borborygmes au fond de leurs entrailles. Elle émit un vent. Pécuchet dit alors :
> – « C'est une porte ouverte à l'espérance ! un débouché peut-être ? »
> Le débouché s'opéra ; l'espérance jaillit dans un paquet de matières jaunes éclatant avec la force d'un obus. Les cœurs se desserrèrent, la vache dégonfla. (126/*284*)

Or, l'écartèlement entre cet effort pour s'élever hors de la pesanteur matérielle et le retour du réel est non seulement grotesque mais sérieux, voire tragique.

3. Le sérieux du grotesque

a. La pensée du cadavre, des personnages du néant

En employant la formule « un grotesque sérieux » pour qualifier son ouvrage, Flaubert ne fait pas seulement référence à l'alliance du grotesque et du tragique, en vigueur depuis la révolution dramatique des romantiques. Certes, Flaubert a été nourri des débats romantiques, mais au moment où il écrit *Bouvard et Pécuchet*, il n'en est plus là. D'un côté, son dernier roman inachevé n'a aucune prétention théâtrale, d'un autre côté parler de « tragique » supposerait la présence d'une transcendance* extérieure aux personnages. Or, la douleur exprimée dans le texte est précisément celle de la confrontation avec le néant, l'absence de sens et de perspective. L'écrivain ricane de la sottise, la vanité, l'aveuglement de ses créatures de fiction et de ses contemporains réels, mais ce ricanement est amer et désespéré. C'est ce qui rend ce dernier ouvrage si **nécessaire et si testamentaire**. *Bouvard et Pécuchet* totalise toute l'œuvre romanesque de Flaubert et est une dernière bouée à la mer.

> Aucun livre ne tient plus au fond de son être. En réalité, il remonte encore plus loin, au temps où Flaubert et sa petite sœur allaient regarder par la vitre les cadavres dans l'amphithéâtre de l'Hôtel-Dieu, où Flaubert ne pouvait, disait-il, voir un vivant sans penser à son cadavre. *Bouvard et Pécuchet,* c'est un tableau des réalités, des connaissances, des volontés humaines **vues du point de vue du cadavre, vues au moment où elles vont se tourner en cadavres**[1].

C'est pourquoi, **toutes les tentatives des deux héros avortent** et le premier aspect de l'échec généralisé est celui de la révolte de la nature au chapitre II. La nature ne peut leur rendre sa vitalité généreuse en échange de leur désir de connaissance et d'être. Leur élixir « la Bouvarine » explose, symbole d'une fermentation impossible. Incapables de procréer, ils tentent l'éducation de deux enfants d'un forçat, en vain également. C'est pourquoi aussi, Flaubert en fait des valétudinaires* ingénus, qui croient pouvoir recommencer leur vie au moment où ils devraient en faire le bilan.

b. Le sens du dérisoire, absurdité de la copie

Le « sérieux » du grotesque, c'est aussi et surtout la **dérision généralisée à l'encontre des idées reçues**, présentée dans une oscillation sans fin entre l'absorption et son rejet par les deux protagonistes. Non seulement le ton est grotesque et le sens sérieux, mais le discours de l'opinion publique est si nauséabond et stérile qu'il ne peut que mener au silence, à la négation de soi et à l'impossibilité de tout discours. Toutes les idées sont renvoyées les unes aux autres dans leurs contradictions et la quête devient circulaire. S'il y a un sens à cet itinéraire, il réside dans la délectation de la copie, **figure dérisoire de l'écriture**. Déjà Pécuchet avait signalé cette velléité en inscrivant son nom sur sa cheminée en quittant Paris. Les deux copistes sont rendus à leur vérité, mais la copie devient consciente d'elle-même et adressée à un lecteur lucide. Le dernier plan du scénario offre l'image des deux dos voûtés des copistes, en une sorte d'auto-représentation dédoublée de l'écrivain par lui-même.

---

1. Albert Thibaudet, *Gustave Flaubert,* coll. « Tel », Gallimard, p. 207.

En guise de bilan

Ainsi, le ricanement amer de l'écrivain a plusieurs objets puisqu'il expose à la vindicte publique la société, ses personnages et lui-même à travers eux. **La farce annoncée présente moins de gaîté que de fiel**, et toutes les modalités du comique renvoient à une souffrance presque indicible.

En outre, **malgré l'apparence de révolte, une résignation désabusée à l'ordre des choses se manifeste**. Faute de pouvoir exorciser sa souffrance de la bêtise, Flaubert choisit de s'en faire la victime consentante en la faisant sienne.

D – POURQUOI BOUVARD ET PÉCUCHET SONT-ILS DEUX ?

La critique s'étonne depuis longtemps du caractère double de la bêtise. Certains la jugent inutile, d'autres indispensable au roman. Ainsi, Émile Faguet exprime-t-il son incompréhension : « Aussi bien *Bouvard et Pécuchet* est l'histoire d'un Faust qui serait idiot. Il n'était pas du tout nécessaire qu'il y en eût deux[1] » Thibaudet affirme l'inverse : « C'était au contraire très nécessaire, et ce dualisme paraît l'âme du roman[2]. » **Mais les effets en sont-ils d'abord la farce bouffonne, le spectacle renforcé de la bêtise ou bien un sens plus grinçant et plus noir ?**

1. Un couple ridicule

a. « L'âme du roman »

Dans l'article du journaliste Maurice qui forme les premiers brouillons de *Bouvard,* les deux copistes figurent déjà. À cette époque de germination, Flaubert lui aussi vit à deux : à l'Hôtel-Dieu avec Le Poittevin, en Orient avec Maxime Du Camp, le reste de sa vie avec Bouilhet. Ses romans comportent tous une figure duale, sorte de nécessité intérieure : Emma et Léon dans *Madame Bovary,* Frédéric et Deslauriers dans *L'Éducation sentimentale.* La tradition littéraire se fait forte de ces figures doubles, souvent plus pérennes que les simples. Ainsi en est-il de **Candide et Martin**, **de Don Quichotte et Sancho Pança**, **de Jacques le Fataliste et son maître** et plus près de nous au cinéma, **de Laurel et Hardy**. À la fois dynamique et ridicule, le couple devient légendaire par sa typologie

1. Émile Faguet, *Flaubert*, Paris, Hachette, 1899, p. 131.
2. Albert Thibaudet, *Gustave Flaubert*, coll. « Tel », Gallimard, p. 214.

contrastée et complémentaire. L'hexasyllabe de « Bouvard **et** Pécuchet » s'impose comme une **nécessité phonétique et onomastique***. Intervertir les deux noms eût créé un hiatus malheureux : « Pécuchet et Bouvard », et l'on connaît le soin de Flaubert dans le choix des noms. Les deux commis doivent être un vrai duo, car ce début de structure collective, ni couple véritable, ni famille, ni société est le symbole de leur origine petite bourgeoise. Comme le dit Thibaudet :

> Ce qui fait l'humanité moyenne, ce qui constitue le « bourgeois » au sens pur, c'est de s'agréger à autrui, de vivre numériquement, je ne dis pas nombreusement. Qui dit existence individuelle dit originalité, et il était nécessaire de soutirer rigoureusement de *Bouvard et Pécuchet* toute originalité. Au degré inférieur d'humanité où ils sont placés, on ne peut supporter la solitude, on existe et on acquiert sa troisième dimension par son reflet en autrui[1].

Il était donc nécessaire que la quasi-totalité du premier chapitre fût consacrée à leurs portraits parallèles, à leur rencontre et la découverte de leurs similitudes pour s'achever par l'image caricaturale de leurs deux corps endormis :

> Bouvard sur le dos, la bouche ouverte, tête nue, Pécuchet sur le flanc droit, les genoux au ventre, affublé d'un bonnet de coton ; — et tous deux ronflaient sous le clair de lune, qui entrait par les fenêtres. (14/*73*)

Mais qu'est-ce qui en soi produit le comique dans le fait qu'ils soient deux ? La redondance, l'écho, à la base du **comique théâtral de répétition**, renvoie à la définition de Bergson : « du mécanique plaqué sur du vivant[2]. » Lorsque les deux commis se découvrent identiques, il n'y a pas là une scène de séduction en miroir mais **la parodie de l'identité** : « même minute, même banc » On sait l'usage ironique du parallélisme syntaxique pour souligner le ridicule de cette silhouette double, parfois présentée sous forme d'écho sonore :

> « C'est comme moi, je suis employé »

ou encore

> « – Ma foi ! si nous dînions ensemble ? »
> – « J'en avais l'idée ! » reprit Pécuchet « mais je n'osais pas vous le proposer ! » (5/*54-55*)

---

1. Albert Thibaudet, *Gustave Flaubert*, coll. « Tel », Gallimard, p. 215.
2. Bergson, Le Rire, coll. « Quadrige », PUF, p. 52.

b. Un couple contradictoire

Leurs portraits sont toujours contrastés, ligne et casquette pointue pour Pécuchet, rondeur et débraillé pour Bouvard. **Leur caractère bouffon** ne vient pas seulement de leur apparence outrée, du peu de conscience qu'ils ont de leur inadéquation aux normes sociales, eux qui sont à la fois marginaux et conformistes. Les traits qui les opposent servent à les constituer **comme couple**, dans leur complémentarité. « Couple ridicule de vieux débutants[1] » selon l'expression de Thibaudet ; ils sont une parodie du couple humain. Et la monade* qu'ils forment est d'autant plus pitoyable dans ses échecs successifs.

Mais les différences deviennent parfois **des différends**. Un scénario prévoyait qu'ils devaient se donner des coups. Mais Flaubert, sans en venir à la scène de ménage de farce, prend soin de souligner certains coups... de colère. Ainsi lorsque Pécuchet raconte comment Vaucorbeil l'a menacé des tribunaux pour exercice illégal de la médecine, il est un peu choqué de l'indifférence de Bouvard. Une brouille survient à propos de la politique : « Pécuchet sortit de l'appartement, en faisant claquer la porte. » (110/*242*) Au moment où ils (re) découvrent l'amour, leurs litiges s'accentuent : « Des habitudes qu'ils avaient tolérées les faisaient souffrir ; [...] des contestations s'élevaient. » « Pécuchet trouvait que son ami ne l'aimait plus. » (115/*264*) Mais la simultanéité de la narration et des descriptions réconcilie toujours les personnages à l'issue de leurs mauvaises expériences amoureuses. On songera à la dernière ligne de *L'Éducation sentimentale*. Un séjour chez la Turque, « c'est ce que nous aurons eu de meilleur. » L'amitié prévaut toujours...

c. Masculin ou féminin ?

Cette structure de couple a souvent fait s'interroger les critiques sur la question de **la féminité et de la virilité des deux bonhommes**. Bouvard, est pour Thibaudet « l'homme solide, l'homme à femmes, le roquentin*[2] ; » alors que Pécuchet par défaut est la femme. La répartition des tâches rustiques confie l'agriculture à Bouvard et le jardinage à Pécuchet ; la pipe de Bouvard représente un phallus et la tabatière de Pécuchet, dans laquelle il plonge ses doigts un symbole du sexe féminin. Mais les signes s'inversent aussi, lorsqu'à la fin de leurs expériences éducatives, Bouvard affirme :

---

1. Albert Thibaudet, *Gustave Flaubert*, coll. « Tel », Gallimard, p. 215.
2. *Ibid.*

– « Peut-être ont-ils manqué d'une famille, des soins d'une mère. »
– « J'en étais une ! » objecta Bouvard. (192/*408*)

Cette répartition alternée, symbolique ou tout simplement de l'ordre des idées reçues a pour effet de donner une consistance d'autant plus importante à cette entité duelle, dont la force de regard sur le réel est révélatrice. Leur désir d'apprendre, de conquérir le savoir est démultiplié par leur dualité :

> Devant cet horizon de merveilles, Bouvard et Pécuchet eurent comme un éblouissement. (28/*100*)

La notion d'érotisme suggérée par la structure en couple est déplacée sur le plan du désir de savoir, ce qui produit un effet bouffon.

2. Une dualité signifiante

a. Complémentarité de la bêtise

La description des deux personnages n'a pas qu'une portée bouffonne, elle sert le propos principal de Flaubert : **vomir leur bêtise à la face des contemporains**. La surenchère que représente la dualité des protagonistes renforce tantôt l'excès de leurs enthousiasmes, tantôt au contraire leurs contradictions. Dans le chapitre sur la religion, Bouvard et Pécuchet n'ont pas du tout la même façon d'être pieux et ce sont **deux systèmes de dévotion** que Flaubert renvoie dos à dos dans une égale absurdité. Bien souvent, il utilise cette technique pour dénoncer l'indifférenciation des idées ou des vérités, selon le principe d'une certaine forme de scepticisme* par lequel on nivelle toutes les affirmations et systèmes :

> Mais [Pécuchet] prenait le genre ecclésiastique, sans doute par la fréquentation du curé. Il en avait le sourire, la voix et d'un air frileux glissait comme lui dans ses manches ses deux mains jusqu'aux poignets.
> Bouvard se laissa conduire au mois de Marie. Les enfants qui chantaient des hymnes, les gerbes de lilas, les festons de verdure, lui avaient donné comme le sentiment d'une jeunesse impérissable. Dieu se manifestait à son cœur par la forme des nids, la clarté des sources, la bienfaisance du soleil ; — et la dévotion de son ami lui semblait extravagante, fastidieuse.
> (152/*332*)

D'un côté, l'onctuosité jésuitique de Pécuchet, de l'autre la franche et naïve sentimentalité de Bouvard constituent deux formes aussi contestables de foi, qui, pour contrastées qu'elles soient, n'en révèlent pas moins **l'égale supercherie du cléricalisme**. Les formes de la bêtise religieuse sont multiples pour Flaubert, tout autant que la vanité scientifique. **La complémentarité du dualisme sert donc la dénonciation satirique**.

b. Le sens du néant : (désespoir de vivre et grotesque)

La complémentarité se résout toujours en un pluriel collectif et la dualité sert à montrer l'envers du décor. Derrière les enthousiasmes naïfs de la *libido sciendi** se cache une **désespérance profonde**, existentielle exprimée au cœur géométrique du premier volume, au chapitre VII. Après avoir subi les déceptions de la politique, au moment des journées de Juin 1848, les deux compères connaissent le désœuvrement et la tristesse :

> Des jours tristes commencèrent.
> Ils n'étudiaient plus dans la peur des déceptions ; les habitants de Chavignolles s'écartaient d'eux ; les journaux tolérés n'apprenaient rien — et leur solitude était profonde, leur désœuvrement complet. [...]
> Donc ils vivaient dans cet ennui de la campagne, si lourd quand le ciel blanc écrase de sa monotonie un cœur sans espoir. (113/*260*)

Après, suivent les intermèdes amoureux ratés, puis leur goût pour la gymnastique, le spiritisme, le magnétisme, et finalement la tentation du suicide est présentée de manière **tragi-comique**.

Tout en offrant un tableau symétrique et parallèle, les deux cloportes ne forment qu'un seule détermination :

> Ils récapitulèrent leurs besoins inassouvis. Bouvard avait toujours désiré des chevaux, des équipages, les grands crus de Bourgogne, et de belles femmes complaisantes dans une habitation splendide. **L'ambition de Pécuchet était le savoir philosophique**. [...]
> Et ils examinèrent la question du suicide. [...]
> La chandelle était par terre — et Pécuchet debout sur une des chaises avec le câble dans la main.
> L'esprit d'imitation emporta Bouvard : – « Attends-moi ! » Et il montait sur l'autre chaise quand s'arrêtant tout à coup :
> – « Mais... ; nous n'avons pas fait notre testament ? »
> – « Tiens ! c'est juste ! » (146/*322*)

La part **tragique** de l'épisode est renforcée par le caractère collectif de ce suicide, mais la signification de l'épisode est immédiatement **grotesque**. D'un côté, le comique vient de l'effet de répétition et de la mention de l'instinct simiesque de Bouvard. Mais surtout, l'argument commun faisant obstacle au suicide replace le lecteur dans la réalité bourgeoise et dans l'absurde. Le testament figure l'élément dérisoire et matériel de ce qui reste d'une vie, offrant une perpective circulaire : Bouvard peut réaliser son rêve car il hérite d'un « oncle » (en réalité, son père naturel). L'absurdité de cette pensée vient du fait que ni Bouvard ni Pécuchet n'ont de descendants ! Impossible génération, stérilité naturelle, impossible transmission du patrimoine forment ici une trilogie ironique.

c. Des personnages stylisés : modernité de Flaubert (prémices du nouveau roman ?)

Pour Maupassant, « les véritables personnages sont des systèmes et non plus des hommes ; les acteurs servent uniquement de porte-voix aux idées qui, comme des êtres, se meuvent, se joignent, se combattent et se détruisent[1]. » S'ils sont des porte-voix pourquoi est-il besoin que nos imbéciles soient deux ? Selon cette perspective, plus aucune psychologie, mais des esquisses stylisées, ligne et courbe, échos de discours parfois contradictoires offrent le spectacle d'échantillons d'humanité desséchés. Plus les échecs se répètent et l'impossibilité du savoir s'établit, et plus les personnages deviennent caricaturaux jusqu'à l'épure. Pour finir, ils ne seront plus que ces silhouettes en train de copier, **étranges ombres quasi monacales de cette caverne littéraire**. Ils sont alors aux idées en mouvement ce que les citations sont aux idées reçues. Le duo romanesque annonce presque les personnages « sans qualités[2] » du nouveau roman, dont la seule matérialité apparente peut rendre compte.

En guise de bilan

Bouvard et Pécuchet ne pouvaient pas ne pas être deux et cette fausse gémellité permet au récit de fonctionner, tant sur le plan de sa structure répétitive dont ils sont la figure visuelle que sur le plan de la signification. Leur couple duel rend impossible l'assignation d'une identité séparée de l'un de ses membres, de même qu'il est impossible de définir un sens particulier à leur aventure du savoir. La fin renvoie au début dans une oscillation sans fin, comme deux miroirs dont les images se démultiplient à l'infini.

---

1. Guy de Maupassant, « Étude sur Flaubert », dans *Lettres de Gustave Flaubert à George Sand,* Charpentier, 1884.
2. Allusion au roman de Robert Musil, *L'Homme sans qualités.*

DISSERTATION LITTÉRAIRE

> **Sujet** : Dans son introduction à l'édition Folio de *Bouvard et Pécuchet,* Claudine Gothot-Mersch dit : « Si l'intention de Flaubert a été [...] de dévoiler la bêtise générale [...] alors, c'est une étrange idée d'avoir choisi, pour cette entreprise le truchement de deux imbéciles. »
> Pensez-vous que les deux bonshommes sont des imbéciles et qu'à l'issue de leur périple, ils sont aussi ignorants qu'au début ?

INTRODUCTION

Poser la question comme Claudine Gothot-Mersch le fait dans son introduction à *Bouvard et Pécuchet* : « Bouvard et Pécuchet sont-ils des imbéciles ? » revient à interroger le sens de l'entreprise de Flaubert et à définir cette éducation intellectuelle, venant faire suite à *L'Éducation sentimentale.* Échouent-ils vraiment lorsqu'ils redeviennent des copistes ? N'ont-ils pas acquis une forme de savoir enrichie par leurs déceptions successives ? Quel est le sens et la portée de cette copie de la bêtise ?

DÉVELOPPEMENT

a. Bouvard et Pécuchet, des imbéciles heureux

Deux hommes de quarante-sept ans se rencontrent, héritent et décident de recommencer leur vie à l'âge moyen où, au XIXe siècle, on achevait la sienne. Leur première marque de douce stupidité est **cette adolescence retrouvée** de ceux qui pensent avoir l'avenir devant eux. « Il s'agit de vieilles gens qui sont ridicules en faisant ce qui convient à un adolescent[1] ». Il parle du « ridicule amoureux d'un vieux roquentin* comme Bouvard, d'un coquebin qui perd son innocence à cinquante ans comme Pécuchet ». Ils sont **imbéciles au sens étymologique**, car ils sont faibles affectivement et humainement. Leur vie passée semble dénuée de toute expérience. Mais ils sont **heureux** car ils ont l'enthousiasme des grands départs, ainsi leur premier soir à Chavignolles :

---

1. Albert Thibaudet, *Gustave Flaubert,* coll. « Tel », Gallimard, p. 206.

> Ils tendaient leur ventre, ils s'appuyaient sur le dossier de leur chaise, qui en craquait, et ils se répétaient : – « Nous y voilà donc ! quel bonheur ! il me semble que c'est un rêve ! » (13/*72*)

Leur sentimentalité et leurs joies prospectives font partie de ce ridicule de la naïveté, du décalage entre leur enfance et leur âge réel :

> Plus d'écritures ! plus de chefs ! plus même de terme à payer ! – Car ils posséderaient un domicile à eux ! [...] – « Nous ferons tout ce qui nous plaira ! nous laisserons pousser notre barbe ! » (11/*66*)

Leur plaisir à l'idée de l'émancipation future, loin des chefs, de la transgression vestimentaire et capillaire (la barbe), de leur liberté, est tout **aussi infantile que ridicule**, surtout si l'on songe au poids des conventions et cérémonies sociales de Chavignolles...

Leurs illusions et leurs rêves sont par leurs excès et **leur inadéquation avec le réel** rendus grotesques et déréalisés. Ils sont bien les descendants de Madame Bovary et de Frédéric Moreau (au chapitre V, concernant la découverte des romans historiques et de la littérature) :

> Ils lurent d'abord Walter Scott.
> Ce fut comme la surprise d'un monde nouveau.
> Les hommes du passé qui n'étaient pour eux que des fantômes ou des noms devinrent des êtres vivants, rois, princes, sorciers, valets, gardes-chasse, moines, bohémiens, marchands et soldats, qui délibèrent, combattent, voyagent, trafiquent, mangent et boivent, chantent et prient, [...]. Sans connaître les modèles, ils trouvaient ces peintures ressemblantes, et **l'illusion était complète**. (83/*201*)

Ce passage n'a rien à envier aux rêves d'Emma au couvent. Ils sont aussi les hommes du romanesque et des illusions lyriques malgré leur sécheresse apparente.

Non seulement leurs accoutrements physiques, leur absence de distance critique les rend sots et ridicules, mais la série de leurs échecs répétés prouve leur peu d'intelligence : la débâcle de leur jardin, la laideur de leur environnement, l'explosion de l'alambic destiné à faire la liqueur de Bouvarine, les absences de certitudes après les enquêtes archéologiques... Ils font comme Frédéric Moreau dans *L'Éducation sentimentale* un **apprentissage à rebours**, et semblent bien obtus. Le summum de leur incapacité à progresser se manifeste dans leur échec éducatif final. Mais, comme Frédéric, leur **trop-plein d'illusions** est cause de leur ratage. Il leur suffit plus de se regarder apprendre avec étonnement que d'aboutir à un savoir :

> La majesté de la création leur causa un ébahissement, infini comme elle. **Leur tête s'élargissait**. Ils étaient fiers de réfléchir sur de si grands objets. (49/*139*)

C'est pourquoi le terme « se figurer » est constant pour marquer les départs de nouvelles investigations. Par ce terme, on désigne la toute-puissance de leur imagination, mais aussi on laisse la place au regard ironique de l'auteur (ils se figuraient à tort).

Leur narcissisme fait partie de leur portrait d'imbéciles et **la vanité** est la clef de leur suffisance. Le début du chapitre IV fustige la systématicité de leur frénésie de savoir :

> Six mois plus tard, **ils étaient devenus** des archéologues ; — **et** leur maison ressemblait à un musée. (62/*163*)

Sous une apparence anodine, une telle présentation est une bombe. L'ironie sèche du « ils étaient devenus » consiste à se placer d'emblée d'un point de vue résultatif, perfectif. Présenter le résultat de leurs passions en un tel raccourci temporel en montre l'absurdité. L'expression « devenir archéologue » **place le savoir sur le terrain de l'identité et non de son objet**. Quant au « et » qui relie le second membre de phrase au premier, il a une valeur consécutive. Pour eux, accumuler des connaissances consiste à accumuler des objets. **C'est leur relation au savoir**, **plus encore que leur méthode qui est signe de bêtise**.

En outre, les deux larrons deviennent capables de critique et se voient opposer la vindicte publique de Chavignolles lorsque **leur interrogation sur l'ordre des choses prend l'allure de la contestation**. Ainsi au chapitre VI sur les idées politiques, ils se voient opposer le conservatisme des possédants lors du dîner chez le comte de Faverges. L'ambiguïté est donc reine. Enfermés dans un entre-deux, ces personnages servent surtout à interroger la nature de l'ignorance la plus ultime, celle de la **clôture définitive du savoir**, encore plus ridicule que la prétention encyclopédique. La bêtise sociale est ainsi définie, c'est le règne des connaissances toutes faites et des idées reçues.

b. Des héros contradictoires

Leur impossibilité à apprendre cependant n'est pas due à leur manque total d'intelligence et **il faut nuancer le propos**. En effet, Flaubert les présente dès le premier chapitre avec quelques lueurs : « leur intelligence se développa » dit-il (8/*61*). De même, s'il sont imbéciles jusqu'à la fin et incapables de progresser, leur enthousiasme reste inentamé. **L'ambiguïté prévaut, ce sont des héros contradictoires**.

La véritable question concerne le rôle narratif que Flaubert voulait réserver à ses personnages. Maupassant en a fait de simples « porte-voix[1] » de l'auteur, comme si ce dernier utilisait ses héros à la fois comme **leurres** (ils sont là pour attirer l'attention par leur grotesque) et **écrans** (ils reflètent la sottise extérieure). On se souviendra de la formule de la *Correspondance* : « Bouvard et Pécuchet m'envahissent à tel point que je suis devenu eux ! Leur bêtise est mienne et j'en crève[2]. » L'identification est totale, non seulement comme celle du créateur et de son produit, mais parce qu'ils représentent la posture double de l'auteur face à la bêtise humaine : **assimilation et rejet**.

C'est pourquoi, ils paraissent adopter la même posture que celle de **Candide, dans son ingénuité lucide**. La naïveté du jeune sauvage se retourne en intelligence suprême face à l'ordre des choses dont il interroge le fondement et les contradictions. Chez Voltaire, la voix du philosophe transparaît clairement lorsqu'il s'agit de dénoncer la persécution des jansénistes, l'intolérance, l'absolutisme de l'Ancien Régime. Chez Flaubert. La voix paraît beaucoup plus brouillée, en particulier sur la question politique. En renvoyant dos à dos libéraux, républicains, socialistes et partisans de la Restauration, au nom de qui parle-t-il ?

On ne saurait dire si les dix chapitres de *Bouvard et Pécuchet* constituent **un roman d'apprentissage**, comme le conte philosophique de Voltaire. Il faut certes aux deux lascars une forte dose d'ouverture au monde pour mener leurs lectures et découvertes de manière si acharnée. Mais sont-ils à la fin du récit plus savants ou aussi ignorants qu'au départ ? Dans ce récit circulaire à bien des égards, y a-t-il place pour une quelconque progression ? Prenons l'exemple de la formation des idées politiques et de l'engagement. Dans le *Plan* laissé par Flaubert, il oppose l'optimisme de Bouvard au pessimisme de Pécuchet : « Bouvard voit l'avenir de l'Humanité en beau : l'Homme moderne est en progrès » « Pécuchet voit l'avenir de l'Humanité en noir : l'Homme moderne est amoindri et devenu une machine. » (194/*411-412*) Qui pis est, lorsqu'ils prennent conscience des insuffisances de la société, ils ressentent une souffrance énorme et subissent les sarcasmes des villageois :

1. Albert Thibaudet, *Gustave Flaubert,* coll. « Tel », Gallimard, p. 206.
2. Flaubert, *Correspondance,* t. III, Bibliothèque de la Pléiade, Gallimard, 1973, p. 67.

> Les villageois les connaissaient pour les avoir vus, premièrement comme médecins, puis en quête de vieux meubles, puis à la recherche des cailloux, et ils répondaient : – « Allez donc, farceurs ! n'essayez pas de nous en remonter ! » (186/*398*)

Sans avoir acquis de connaissance positive et fondée, les deux bonshommes ont évolué vers une autre forme ambiguë de l'ignorance, **la conscience de la bêtise**. **Leurs contradictions servent avant tout à dénoncer celles du monde extérieur**. Ils n'ont certes pu apprendre mais ils prennent conscience des limites du savoir ainsi que des pesanteurs des pratiques sociales. En ce sens **ils ne sont plus du tout des imbéciles**. Malgré la maladresse et le désordre de leurs tentatives, à chaque étape **ils gagnent une certaine distance** par rapport au savoir donné au préalable. Cette attitude se fait de plus en plus nette à chaque chapitre, plus le temps passe plus Flaubert parle en eux. Ainsi, dans le chapitre VI sur la politique, Pécuchet se forge une idée sur la complicité passive du peuple et des dictateurs, proche de celle de Flaubert :

> Puisque les bourgeois sont féroces, les ouvriers jaloux, les prêtres serviles — et que le Peuple enfin, accepte tous les tyrans, pourvu qu'on lui laisse le museau dans sa gamelle, Napoléon a bien fait ! — qu'il le bâillonne, le foule et l'extermine ! ce ne sera jamais trop, pour sa haine du droit, sa lâcheté, son ineptie, son aveuglement ! (111/*258*)

Les deux cloportes dénoncent aussi bien la bêtise des comportements bourgeois que celle du peuple.

Parfois des effets grinçants surgissent de leurs attitudes extrémistes. Au chapitre IX portant sur leurs engouements religieux, puis mystiques, Pécuchet dénonce le caractère anti-religieux de la dévote Mme de Noaris :

> Un monsieur devait lui envoyer de la « Pâte des martyrs » : mélange de cire pascale et de poussière humaine prise aux catacombes, et qui s'emploie dans les cas désespérés en mouches ou en pilules. Elle en promit à Pécuchet.
> Il parut choqué d'un tel matérialisme. (164/*355*)

Tout en étant dans l'illusion mystique Pécuchet énonce une critique juste du fétichisme religieux.

Mais si la relation des personnages se fait progressivement de l'imitation servile, au renchérissement puis à la contestation, **leur itinéraire est répétitif**, en « spirale » (voir la présentation de l'ouvrage p. 27). Les savoirs successifs qu'ils parcourent, au lieu d'aboutir à la prise de parole, ne mènent qu'au silence, à l'impossibilité de conclure et à la voix publique.

c. Des imbéciles inoffensifs : des perroquets ou des scribes ?

La dernière image du récit devait montrer les dos parallèles des deux amis. Chacun devait être attablé à son pupitre, occupé à copier les ouvrages consultés lors de leur odyssée. Copistes redevenus copistes, ignorants résignés à leurs manques, déçus infatigables, ces deux « amphytrions* » se rendant à la seule évidence possible : **la répétition**. Cette démarche est loin d'être un seul aboutissement puisqu'elle est présente lors de toute expérience. Le mimétisme, l'écho, l'emprunt sont inévitablement le stade numéro un de leur méthode. Le texte s'efface alors, sans commentaire en **citation brute** de la source choisie. Ainsi en est-il pour l'histoire du duc d'Angoulême.

> Quand ils eurent pris des notes, ils rédigèrent un programme.
> Naissance et enfance peu curieuses. (... quatre pages de notes souvent elliptiques et sans verbes) – « Une chose me chiffonne » dit Bouvard « c'est qu'on ne mentionne pas ses affaires de cœur ? » (78/*193*)

Et ils notèrent en marge : « Chercher les amours du Prince ! » Les notes renvoient de manière spéculaire* (en miroir) à la méthode de documentation de Flaubert et montrent **l'effacement du sujet au cours du processus d'apprentissage**. Il ne réapparaît que pour s'interroger sur la petite histoire, dérisoire manière de montrer leur incapacité à se poser les vraies questions :

> D'où ils conclurent que les faits extérieurs ne sont pas tout. Il faut les compléter par la psychologie. Sans imagination, l'Histoire est défectueuse.
> – « Faisons venir quelques romans historiques ! » (81/*200*)

Leur imbécillité inoffensive est de ne pouvoir établir un discours adéquat entre eux et leur copie.

La question de la copie touche à celle de l'écriture et de la littérature. Non seulement Flaubert se met en scène de manière complexe à travers ses personnages, mais il semble problématiser la possibilité d'écrire pour tout écrivain. L'exemple précédent montre l'écart de **la documentation** (historique, événementielle, exacte, scientifique) à la **fiction** (composée, imaginaire, de l'ordre de la psychologie). Mais plusieurs fois les deux cloportes expriment leur désir **de devenir écrivains et non savants**. Y aurait-il une férocité maladive à l'égard de soi-même de la part de Flaubert dans le fait de se représenter à travers deux imbéciles ou bien les montre-t-il avec une certaine grandeur, une humanité infinie ? Toujours est-il qu'on les voit s'essayer à l'écriture après avoir tenté la déclamation théâtrale, l'étude de la grammaire et des théories du Beau :

> Comme ils avaient senti et croyaient avoir observé, ils se jugèrent capables d'écrire. Une pièce est gênante par l'étroitesse du cadre ; mais le roman a plus de libertés. Pour en faire un, ils cherchèrent dans leurs souvenirs.
> Pécuchet se rappela un de ses chefs de bureau, un très vilain monsieur, et **il ambitionnait de s'en venger par un livre**.
> Bouvard avait connu à l'estaminet, un vieux maître d'écriture ivrogne et misérable. Rien ne serait drôle comme ce personnage. (91/*218*)

Troublante mise en abyme, quoiqu'oblique, du désir de **vengeance** de Flaubert à l'égard de ses contemporains et de la portée férocement **satirique** de ces deux scribes. Curieuse façon de se représenter soi-même, subtile et infinie variation de l'ironie de l'auteur. Mais les deux copistes se disputent sur leur projet et s'en remettent… au savoir théorique de l'esthétique ! Ils ne sont pas des créateurs. Auto-représentation des affres de l'écriture et des difficultés de l'écrivain, ce passage offre sans doute une clef au projet de l'ouvrage. **Il faut être un imbécile comme l'auteur pour avoir la prétention de faire un tableau de la bêtise humaine avec deux imbéciles**. Indécidable et infinie contradiction qui empêche de conclure !

CONCLUSION

Pourtant force est de constater que Bouvard et Pécuchet ne sont pas que des imbéciles et qu'un sens s'offre au lecteur à l'issue de leur périple, tout répétitif et circulaire qu'il soit. Le second volume est une invitation à se délecter des perles répétées de la culture et de la prétendue certitude de tous les savoirs, pensés comme des avoirs et non comme une tension dynamique de l'esprit.

Autres sujets possibles de dissertation ou de réflexion

1) Commentez cette assertion de Michel Foucault dans *La Bibliothèque fantastique :* « Bouvard et Pécuchet lient la sainteté à la bêtise sur le mode du vouloir-faire ».
En quoi, d'après vous, cette double posture des protagonistes rend-elle compte de leur difficile quête du savoir ?

2) Bouvard et Pécuchet sont-ils des porte-parole ?

3) Bouvard est-il un autre Candide ?

4) *Bouvard et Pécuchet* est-il un roman d'apprentissage ?

JUGEMENTS SUR *BOUVARD ET PÉCUCHET*

Il n'est pas que bête, ce récit, qui est un phénomène de bêtise ! par places aussi, il est dégoûtant et odieux. Exemple, la scène où, dans la cave, Pécuchet attrape une maladie honteuse ; car la haine du bourgeois, dans Flaubert, va jusqu'à cette fange qu'il remue, et qu'il remue en naturaliste, sans indignation, sans dégoût, sans nausée, avec l'impassibilité d'un homme qui a perdu la délicatesse de l'artiste. C'est qu'en effet l'artiste ne se voit plus du tout ici, c'est qu'il a disparu entièrement dans l'ineffable platitude d'un roman aussi plat que les bourgeois qu'il a inventés.

Jules Barbey d'Aurevilly, *Le Constitutionnel,* 10 mai 1881.

* * *

Dans *Bouvard et Pécuchet,* les véritables personnages sont des systèmes et non des hommes. Les acteurs servent uniquement de porte-voix aux idées qui, comme des êtres, se meuvent, se joignent, se combattent et se détruisent.

Guy de Maupassant, Lettres de Gustave Flaubert
à George Sand, Charpentier, 1884.

* * *

Bouvard achève le cycle de ce que Flaubert a écrit ou l'inspiration du vent du nord. Ce vent du nord est un vent sec, un harmattan. Il rétrécit tout, rend tout cuisant et cassant. Flaubert, dans une page de lettre qui fournit une admirable vue critique, montre à quel point la création étoffée de Sancho est supérieure à la création sèche de Figaro. [...] *Bouvard,* cet autre *Candide,* appartient bien à ce rameau extrême. Mais le Flaubert qui a réalisé Homais était tourné vers le vent du sud. Homais relevait de Sancho et non de Figaro. Il venait de Molière et de M. Jourdain. Et en passant de *Madame Bovary à Bouvard et Pécuchet,* il semble que Flaubert ait accompli en un espace restreint tout l'essentiel de l'évolution littéraire qui va du XVIIe siècle au XXe, des personnages à la Jourdain aux personnages à la Figaro.

Albert Thibaudet, *Gustave Flaubert,*
coll. « Tel », Gallimard, 1931,1992 (réédition).

* * *

Le temps de *Bouvard et Pécuchet* penche vers l'éternité ; c'est pourquoi les protagonistes ne meurent pas et continuent à copier, près de Caen, leur « sottisier » anachronique.

Jorge Luis Borges, *Discussion,* Gallimard, 1966.

* * *

Bouvard et Pécuchet lient la sainteté à la bêtise sur le mode du vouloir-faire : eux qui se sont rêvés riches, libres, rentiers, propriétaires, et le sont devenus, ils ne sont pas capables de l'être purement et simplement sans entrer dans le cycle de l'infinie besogne : les livres qui doivent les approcher de ce qu'ils ont à être, les en écartent en prescrivant ce qu'ils ont à faire — stupidité et vertu, sainteté et bêtise de ceux qui entreprennent avec zèle de faire cela même qu'ils sont déjà, de transformer en actes les idées qu'ils ont reçues et qui s'efforcent silencieusement, tout au long de leur existence, de rejoindre leur nature par un acharnement aveugle.

Michel Foucault, « La Bibliothèque fantastique »,
Cahiers Renaud-Barrault, Gallimard, 1967.

* * *

Dès vingt ans, Gustave, dans ses *Souvenirs,* lui faisait les mêmes critiques (à la science) : collectionner, classer, analyser, oui ; mais la voie royale de la synthèse progressive lui est interdite. *Bouvard et Pécuchet,* cette œuvre colossale et grotesque, plongera ses racines au plus profond d'une enfance aliénée.

Jean-Paul Sartre, *L'Idiot de la famille,*
tome I, coll. « Tel »,, Gallimard, 1971.

* * *

Cette exploration des illusions contemporaines est faite par rapport à un personnage double qui nous rappelle de nombreux autres bouffons dédoublés depuis le couple Don Quichotte et Sancho Pança jusqu'aux tandems du cinéma comique américain ou des spectacles de variété.

Michel Butor, *Improvisations sur Flaubert,* La Différence, 1984.

* * *

DOCUMENTS ANNEXES

PRÉFACE DE RAYMOND QUENEAU À *BOUVARD ET PÉCUCHET* (Édition du Point du jour, 1947)

De même que Cervantès présente d'abord Don Quichotte comme un fou ridicule, puis, dès le chapitre X, lui fait prononcer une belle tirade qui exprime sa pensée, à lui Cervantès, et ne cesse ensuite de l'accompagner de sa sympathie, ainsi l'opinion de Flaubert sur les deux « bonhommes » et même sur le sens du livre en général a changé au fur et à mesure que l'œuvre se développait, quoiqu'il y ait toujours, au moins à travers la première partie (celle qui nous reste, presque entièrement rédigée), ambiguïté dans l'attitude de Flaubert à leur égard. [...]

Bouvard et Pécuchet est une *Odyssée,* madame Bordin et Mélie sont les Calypso de cette errance à travers la Méditerranée du savoir et la copie finale est l'Ithaque où, après avoir massacré tous les prétendants, ils font avec un enthousiasme plein de sagesse **l'élevage des huîtres perlières de la bêtise humaine**. Tout comme Candide, ils cultivent leur jardin et, dit Flaubert dans une lettre à Edmond de Goncourt : « La fin de Candide : cultivons notre jardin est la plus grande leçon de morale qui existe. »

La littérature (profane — c'est-à-dire la vraie) commence avec Homère (déjà grand sceptique) et toute grande œuvre est soit une *Iliade* soit une *Odyssée*, les Odyssées étant beaucoup plus nombreuses que les Iliades : le *Satiricon, La Divine Comédie, Pantagruel, Don Quichott*e et naturellement *Ulysse* (où l'on reconnaît d'ailleurs l'influence directe de Bouvard et Pécuchet) sont des odyssées, c'est-à-dire des récits de temps pleins. Les Iliades sont au contraire des recherches du temps perdu : devant Troie, sur une île déserte ou chez les Guermantes.

LE PERSONNAGE DU COMMIS

En 1838, dans un de ses récits de jeunesse malicieusement intitulé *Une leçon d'histoire naturelle genre « Commis »,* Flaubert s'était déjà intéressé à ce type professionnel du petit bourgeois, à la fois enthousiaste et recroquevillé, à l'origine du duo Bouvard et Pécuchet :

Le Commis a depuis trente-six jusqu'à soixante ; il est petit, replet, gras et frais ; il a une tabatière dite *queue de rat*, une perruque rousse, des lunettes en argent pour le bureau et un mouchoir de rouennerie.

Il crache souvent et lorsque vous éternuez il vous dit : « Dieu vous bénisse ! » Il subit des variations de pelage suivant les saisons.

En été, il porte un chapeau de paille, un pantalon de nankin, qu'il a soin de préserver des taches d'encre en étalant dessus son mouchoir. Ses souliers sont en castor et son gilet en coutil : Il a invariablement un faux col de velours. Pour l'hiver, c'est un pantalon bleu avec une énorme redingote qui le préserve du froid. La redingote est l'élément du Commis comme l'eau est celui des poissons.

Originaire de l'ancien continent, il est malheureusement très répandu dans nos pays. Ses mœurs sont douces : il se défend quand on l'attaque. Il reste le plus souvent célibataire et mène alors la vie de garçon. La vie de garçon ! C'est-à-dire qu'au café il dit « Mademoiselle » à la dame du comptoir, prend le sucre qui lui reste sur son plateau et se permet parfois le fin cigare de trois sous. Oh ! mais alors le Commis est infernal ! Le jour qu'il a fumé, il se sent belliqueux, taille quatre plumes avant d'en trouver une bonne, rudoie le garçon de bureau, laisse tomber ses lunettes et fait des pâtés sur ses registres, ce qui le désole considérablement.

D'autres fois, le Commis est marié. Alors il est citoyen paisible et vertueux et n'a plus la tête chaude de sa jeunesse. Il monte la garde, se couche à neuf heures, ne sort pas sans parapluie. Il prend son café au lait tous les dimanches matin, lit *Le Constitutionnel, L'Écho, Les Débats,* ou quelque autre journal de cette force.

Il est chaud partisan de la Charte de 1830 et des libertés de Juillet. Il a du respect pour les lois de son pays, crie : « Vive le Roi ! » devant un feu d'artifice et blanchit son baudrier tous les samedis soir.

Le Commis est enthousiaste de la garde nationale ; son cœur s'allume au son du tambour et il court à la place d'armes, sanglé et étranglé dans son col, en fredonnant : « Ah quel plaisir d'être soldat ! »

Quant à sa femme, elle garde la maison tout le long du jour, raccommode les bas, fait des manchettes en toile pour son époux, lit les mélodrames de l'Ambigu et trempe la soupe ; c'est là sa spécialité.

Quoique chaste, le Commis a pourtant l'esprit licencieux et enjoué : car il dit « Ma belle enfant » aux jeunes personnes qui entrent dans le bureau. De plus il est abonné aux romans de Paul de Kock, dont il fait ses lectures favorites, le soir, auprès de son poêle, les pieds dans ses pantoufles et le bonnet de soie noire sur la tête.

Il faut voir cet intéressant bipède au bureau, copiant des contrôles ! Il a ôté sa redingote et son col et travaille en chemise, c'est-à-dire en gilet de laine.

Il est penché sur son pupitre, la plume sur son oreille gauche : il écrit lentement, savourant l'odeur de l'encre qu'il voit avec plaisir s'étendre sur un immense papier ; il chante entre ses dents ce qu'il écrit et fait une musique perpétuelle avec son nez ; mais lorsqu'il est pressé, il jette avec ardeur les points, les virgules, les barres, les « fins » et les paragraphes. Ceci est le comble du talent. Il s'entretient avec ses collègues du dégel, des limaces, du repavage du port, du pont de fer et du gaz. S'il voit à travers les épais rideaux qui lui bouchent le jour, que le temps est pluvieux, il s'écrie subitement : « Diable ! va y avoir du bouillon ! Puis il se remet à la besogne. »

SARTRE, L'« IDIOT » DE LA FAMILLE, LA « BÊTISE » DE GUSTAVE[1]

À neuf ans, Flaubert l'a découverte sous deux faces complémentaires : la cérémonie et le langage. Car il écrit à Ernest le 31 décembre 1830 : « Tu as raison de dire que le jour de l'an est bête » et, à la fin de la même lettre : « Il y a une dame qui vient chez papa et qui nous contes toujours des bêtises, je les écrirai. » (*sic*).

Le jour de l'An : cadeaux et compliments, visites, embrassements, vœux. Les enfants sont victimes et complices : ils ont revêtu leurs plus beaux vêtements, ils saluent et disent ce qui convient. Gustave ne fait que *réaliser* la situation. Mais c'est pour toujours. [...] Il prend le recul infime que sa frustration, fêlure invisible, lui permet. [...] Le fait est que Gustave, exilé au cœur de la cérémonie, s'arrache à l'immédiat, cesse de la prendre au sérieux, en découvre le caractère conventionnel.

1. Gallimard, Bibliothèque de Philosophie, 1971-1972.

GLOSSAIRE DES TERMES TECHNIQUES DU RECUEIL

amours ancillaires : du latin *ancilla*, « la servante ». Qualifie les relations sexuelles d'un maître et de sa servante.

aporie : difficulté d'ordre rationnel paraissant sans issue. Cercle vicieux.

avatar : autre forme prise par un individu ou un désir.

banquets réformistes : banquets politiques rassemblant des opposants à la monarchie de Juillet, en faveur de réformes électorales élargissant le suffrage à tous. Leur interdiction a déclenché la révolution de 1848.

boulimie : du grec *boulimia*, « faim de bœuf ». Besoin irrépressible de manger, accompagnant certains troubles physiques ou mentaux. Désir intense.

bovarysme : terme construit d'après le nom d'Emma Bovary et qui désigne l'insatisfaction d'un héros pris entre sa soif d'idéal et la médiocrité du réel.

catarrhe : inflammation de muqueuses donnant lieu à une hypersécrétion.

christique : qui a rapport au Christ, qui ressemble au Christ.

citoyen : par opposition au « sujet », désigne la condition politique de l'individu responsable politiquement au sein d'une république.

clausule : dernier membre d'une strophe, d'une période oratoire, d'un vers.

commedia dell'arte : genre de comédie italienne, dans laquelle le scénario étant seul réglé, les acteurs improvisaient.

Commune : désigne la tentative de gouvernement pris en charge directement par le peuple, constitué en 1871 au moment du siège de Paris par les Prussiens. Les révolutionnaires russes l'ont pris en modèle en 1917 en formant des *soviets*.

compilation : action de compiler. Livre fait d'emprunts et qui manque d'originalité.

contingence : caractère de ce qui n'est pas nécessaire.

crise frumentaire : pénurie dans la production des céréales qui aboutit à une hausse des prix et à de la sous-alimentation dans les classes démunies.

dandy : d'après le modèle de Brummel, célèbre aristocrate élégant et raffiné de la fin du XIXe qui étonnait par ses tenues. Au sens figuré, désigne toute attitude marginale et raffinée qui pose un regard artiste, à la fois méprisant et supérieur sur le monde.

diatribe : critique amère, violente, le plus souvent sur un ton injurieux.

duplicité : ce qui est double et qui est sciemment trompeur.

égotisme : disposition à parler de soi, à faire des analyses détaillées de sa personnalité. Depuis Stendhal, une certaine façon de peindre le cœur humain.

épilepsie (crise d') : maladie nerveuse peu connue au XIXe qui se manifeste par des convulsions et de la paralysie. Actuellement, on n'a toujours pas prouvé qu'il s'agissait du mal dont souffrait Flaubert.

éponyme : qui donne son nom à quelqu'un. Héros éponyme : héros dont le nom est indiqué dans le titre d'une œuvre.

ésotérique : toute doctrine qui se transmet de façon orale à des adeptes qualifiés. Réservé à des initiés, caché, abscons.

esprit caustique : qui attaque les tissus organiques par extension ; mordant, acide.

fatrasie : poème du Moyen Âge, d'un caractère incohérent ou absurde, formé de dictons, proverbes mis bout à bout et contenant de allusions satiriques.

gueuloir : terme utilisé par Flaubert pour signifier l'épreuve d'audition orale de ses textes, qu'il hurlait littéralement pour les juger.

incipit : formule latine signifiant « il commence » pour désigner le début d'un texte.

libido sciendi : désir de savoir. D'un point de vue théologique, constituait un des interdits capitaux au Moyen Âge que l'on retrouve dans le mythe de Faust.

libido dominandi : désir de domination ou de conquête. Également un des péchés capitaux représenté dans le mythe de Faust. Souvent assimilé à l'orgueil.

lupanar : maison de prostitution.

légitimiste : partisan de la légitimité monarchique.

légitimité monarchique : application stricte de la descendance héréditaire pour définir la succession monarchique (les Bourbons par exemple).

métonymie : figure de rhétorique qui consiste à exprimer un concept au moyen d'un autre, uni au premier par un lien nécessaire de contiguïté (la cause pour l'effet, le contenu pour le contenant, le signe pour la chose signifiée ; ex : boire un verre).

monade : chez Leibniz, substance simple, inétendue, indivisible, active qui constitue l'élément dernier des choses, douée de désir, de volonté et de perception. Par extension, toute unité parfaite.

monarchie censitaire : monarchie dont la chambre est élue par des citoyens réglant un certain montant d'impôt ou cens.

nihilisme : doctrine qui nie la vérité morale, les valeurs et leur hiérarchie. Pessimisme et désenchantement moral.

occultisme : croyance à l'existence de réalités suprasensibles qui seraient perceptibles par les méthodes des sciences occultes et des pratiques qui s'y rattachent.

onomastique : étude des noms propres et spécialement des noms de personnes.

orléaniste : partisan de la branche des Orléans (par exemple, Louis-Philippe) pour la succession monarchique par opposition aux Bourbons.

pensum : travail ennuyeux, corvée.

physiologie : science qui étudie les fonctions et les propriétés des organes et les phénomènes généraux de la vie. En littérature, ouvrage décrivant une réalité humaine d'une manière objective.

plébiscite : scrutin par lequel on demande au peuple d'accepter ou de refuser un représentant.

positivisme : doctrine d'Auguste Comte qui se réclame de la seule connaissance des faits et de l'expérimentation scientifique.

psittacisme : du gres *psittakos* « perroquet ». Répétition mécanique, de phrases, de mots entendues sans que le sujet les comprenne (= écholalie).

pyrrhonien : propre à Pyrrhon, philosophe grec fondateur de l'école sceptique, pratiquant la suspension du jugement car il est impossible d'atteindre la vérité.

scatologie : écrit, propos grossier où il est question d'excréments, grossièreté de tels écrits.

scepticisme : doctrine des sceptiques grecs selon lesquels l'esprit humain ne peut atteindre aucune vérité générale.

souveraineté nationale : terme politique qui désigne que le peuple est souverain et source du pouvoir. Propre au régime républicain.

spéculaire : qui réfléchit la lumière comme un miroir. Pour un récit, qui contient un thème ou un motif, comme en miroir.

stigmates : une marque laissée par une plaie, cicatrice.

sujet : terme politique qui s'oppose ici à « citoyen », pour signifier la posture de dépendance et de soumission de l'individu face au souverain monarque.

transcendance : caractère de ce qui est supérieur et extérieur aux consciences, par exemple Dieu, des substances permanentes, des choses en soi.

valétudinaire : à la santé précaire.

vindicte : hostilité de la foule.

LEXIQUE DE QUELQUES TERMES DE *BOUVARD ET PÉCUCHET*

La difficulté des termes de vocabulaire vient de trois sources, d'une part l'emploi très important de termes techniques liés aux disciplines abordées par Bouvard et Pécuchet, d'autre part les références et pratiques historiques, enfin, les trouvailles lexicales, néologismes ou surtout emprunts régionaux ou archaïques, supports du comique.

amphitryon : du grec *Amphytruon*, « hôte qui offre à dîner ».

andain : étendue de foin qui a été fauché.

anévrisme : tumeur qui se forme sur le trajet d'une artère par dilatation des membranes (terme médical)

archée : feu central de la terre et principe de vie dans l'alchimie et l'ancienne physiologie (du latin des alchimistes, *archeus* et du grec *arkhê* « principe »).

aruspicine : du mot « aruspice » devin qui examinait les entrailles des victimes pour en tirer des présages. Art de prédire l'avenir par cette méthode.

bandagiste : personne qui vend ou fabrique des bandages.

banneau : du latin impérial benna d'origine gauloise. Véhicule léger en osier. Véhicule servant à transporter du charbon ou du fumier, tombereau.

bacule brachiale : instrument servant à faire de la gymnastique armé de bras.

bedolle : bête, baderne.

bouler : envoyer par terre à la manière d'une boule.

brailler : du latin *bragare*, « braire ». Crier ou parler, chanter fort de manière assourdissante. terme péjoratif.

buccinateur : muscle de la joue.

butor : du latin *buteo*, *butio*, *taureus*, oiseau échassier des marais au plumage fauve et tacheté dont le cri évoque le mugissement du taureau. Par extension, grossier personnage sans finesse ni délicatesse.

calamus aromaticus : sorte de roseau.

calotte : petit bonnet rond qui ne couvre que le sommet de la tête, coiffure ecclésiastique. Partie supérieure du crâne.

cambium : zone des arbres située entre le bois et le liber.

caléfacteur : appareil servant à la cuisson des aliments.

camisole : vêtement court, à manches, porté sur la chemise.

cantaloup : de Cantaluppo, villa des papes. Melon à côtes rugueuses vert foncé et à chair orange.

carabin : de *escarrabin*, mot du midi, de *escarrabot*, « nécrophore ». Étudiant en médecine.

casse-tête : massue de plomb au bout d'une tige flexible.

chablis : vin blanc récolté à Chablis (Yonne).

cinabre : du latin *cinnabaris*. Sulfure de mercure naturel, de couleur rouge, principal minerai de ce métal.

club : groupement politique qui depuis la révolution française se réunit, dans des salons, des cafés, des couvents réformés...

clystère : lavement.

conchyliologie : étude des coquillages.

conscription : inscription annuelle pour le service militaire.
coudrier : noisetier.
coutre : fer de la charrue.
crachat : insigne d'un grade supérieur de la chevalerie.
cranioscopie : étude attentive des configurations du crâne, liée à la croyance en la phrénologie selon laquelle les formes du crânes déterminent les aptitudes de l'humain.
critérium : signe permettant de distinguer une notion, de porter un jugement.
cucurbite : partie inférieure de l'alambic ressemblant à un légume de la famille des cucurbitacées (concombre, courge)
cuscute : plante parasite.
daguerréotypes : procédé primitif de la photographie par lequel l'image de l'objet était fixé sur une plaque métallique.
décime : ancienne pièce de monnaie valant le dixième d'un franc.
denier : ancienne pièce de monnaie valant le douzième d'un sou.
diachylum : emplâtre utilisé en médecine.
diathèse : symptômes différents relevant d'une même cause.
diguer : asticoter (normandisme).
échalier : échelle servant à franchir une haie.
embobeliner : de l'ancien français, *bobelin*, « brodequin ». Envelopper dans quelque chose, circonvenir, embobiner.
émulation : sentiment de compétition qui pousse à rivaliser.
entiérer : attacher en fixant la chaîne à un piquet de fer enfoncé dans le sol (normandisme).
espalier : arbres fruitiers palissés en rang le long d'un mur.
Eucologe : livre de prières contenant l'office des dimanches et des fêtes.
falun : dépôt marin composé de coquilles et de sable.
falot : du toscan, altération du grec *pharos*, « grande lanterne ». Conseil de guerre.
flagorner : parler à l'oreille d'un croisement entre l'ancien français *flaer* « souffler » et *corner* « répandre une nouvelle ». Flatter bassement et servilement.
flanelle : tissu de laine peigné ou cardé, peu serré doux et pelucheux.
frac : habit masculin de cérémonie, noir, à basques en queue de morue.
fruit sec : titre préalable de *L'Éducation sentimentale.*
galoche : enseigne de fabricant de chaussures.
Gehenne : du latin *gehenna*, de l'hébreu *ge-hinnom*, vallée de Hinnom près de Jérusalem : séjour des réprouvés dans la Bible.
graphomètre : instrument d'arpentage.
guinguette : café populaire où l'on consomme et où l'on danse, le plus souvent en plein air et dans la verdure.
hottée : indication de mesure, contenu d'une hotte, grand panier ou cuve qu'on porte sur le dos au moyen de bretelles (normandisme).
hydropique : souffrant d'hydropisie, d'accumulation de sérosité dans le corps.
hydrothérapie : emploi thérapeutique de l'eau sous toutes ses formes.
hysope : arbrisseau méditerranéen à feuilles persistantes et à fleurs bleues.
impondérable : élément qu'on ne peut peser, mesurer.
jubé : tribune entre la nef et le chœur.
jurande : fonction de représenter les intérêts d'une corporation de métier conférée à l'un de ses membres.
kummel : liqueur parfumée au cumin, appréciée pour ses qualités digestives.

latte : 1) Longue pièce de charpente en bois, mince, étroite et plate. 2) Ancien sabre de cavalerie. 3) Chaussure, pied.

licence : liberté prise par un écrivain par rapport aux règles.

limonadier : fabricant de limonades, cafetier.

louchet : bêche au fer étroit (normandisme)

majolique : faïence italienne de la Renaissance.

man : larve du hanneton, ver blanc.

marasquin : liqueur parfumée à la marasque.

marcotte : organe aérien d'une plante, qui développe des racines au contact de la terre.

marne : roche argileuse qui peut aussi contenir du calcaire.

mastoïdien : relatif à la partie postérieure ou inférieure des pectoraux.

meneau : montant ou traverse divisant les anciennes fenêtres.

mesmérien (baquet) : cuve imaginée par Mesmer pour pratiquer ses expériences de magnétisme.

mils persanes : du persan *mail*. Petite massue de bois utilisée en gymnastique pour les exercices d'assouplissement.

mnémotechnie : procédé destiné à aider la mémoire par des associations mentales.

monade : substance simple et indivisible composant les êtres (système de Leibniz).

moraine : débris de rochers entraînés et déposés par un glacier.

moût : jus de raisin ou de pomme non fermenté.

moxa : cautérisation par combustion lente.

muscadin : jeune fat, d'une coquetterie ridicule dans sa mise et ses manières. Nom donné, sous la Révolution, aux royalistes qui se distinguaient par leur élégance recherchée.

myriamètre : du grec *murias* « dizaine de mille ».

nankin (gilet de) : gilet en toile de coton d'un jaune particulier.

nilomètre : colonne graduée permettant de mesurer les crues du Nil.

od : aura émanant des êtres et des choses.

oolithe : calcaire constitué de grains.

oraisons jaculatoires : prières très courtes et très passionnées.

orphéon : orchestre.

palladium : du nom de la planète Pallas : élément atomique, métal précieux du groupe du platine, que l'on trouve à l'état naturel allié à l'or ou au platine.

paletot de lasting : du moyen anglais *paltok* « vêtement de dessus, assez court, boutonné devant, sorte de jaquette ». Lasting : étoffe rase, en laine peignée, à armure satin.

palonnier : pièce de bois ou de fer à laquelle on attachait les chevaux pour tirer une voiture.

pariétal : os situé sur le côté du crâne et sur la voûte crânienne.

passe bidigite, tridigite ou quinditige : dans le domaine du magnétisme, imposition des mains à deux doigts, trois doigts ou cinq doigts.

peccable : capable de pécher.

péricarpe : partie du fruit qui enveloppe la graine.

périoste : membrane recouvrant les os.

phyllade : roche dure se divisant aisément en feuillets.

phlegmasie : inflammation interne.

phrénologie : étude du caractère et des possibilités intellectuelles fondées sur la forme du crâne.

piédouche : de l'italien *pieduccio*, diminutif de *piede*. Petit piédestal à base circulaire ou carrée.

pignouflisme (universel) : néologisme de Flaubert d'après l'adjectif familier « pignouf ». Désigne l'incapacité à penser au-delà de l'esprit de clocher.

Vient du dialectal *pigner*, « crier, geindre ». Personne mal élevée, sans aucune délicatesse (butor, goujat, rustre).

pilon : 1) Instrument de bois, cylindrique, à base convexe, servant à piler. 2) Extrémité d'une jambe de bois.

podagre : impotent.

poiré : alcool fabriqué à base de poire, courant en Normandie.

polypier : squelette calcaire des madrépores.

quartz pyromaque : forme commune cristalline de la silice, appelée à l'état pur cristal de roche.

quinquet : du nom de Quinquet (1785) qui perfectionna la lampe inventée par le physicien Argand. Ancienne lampe à double courant d'air, et à réservoir supérieur.

revif : montée de l'eau entre marée basse et marée haute. Regain.

ribote : de l'ancien verbe riboter, altération de ribauder ; joyeux excès de table et de boisson. Bombance, noce, orgie.

roquentin : vieil roquart, de l'anglo-normand rokerel, rokk : craquer, tousser : un vieillard ridicule qui veut jouer au jeune homme.

ruche : ornement de tulle ou de dentelle.

sandaraque : résine utilisée pour glacer le papier.

savate : art de donner des coups de pied.

sébile : coupe en bois avec laquelle on tire le vin.

shako : coiffure militaire de la garde nationale.

scrofule : troubles digestifs très importants.

spoliation : action de dépouiller d'un bien par violence, fraude, ou abus de pouvoir.

tiare : coiffure circulaire, entourée de trois couronnes que portait le pape dans certaines circonstances solennelles.

tourbe : du latin *turba*. Terme archaïque pour désigner la foule.

trémoussoir : appareil de gymnastique destiné à exercer le mouvement.

tricorne : chapeau à trois cornes formées par ses bords plus ou moins larges.

tumulus : amas conique de pierre ou de terre recouvrant les sépultures.

turnep : variété de chou-rave.

varloper : raboter.

vigneau : en Normandie, tertre dans un jardin, surmonté d'une treille.

volition : acte par lequel se détermine la volonté.

zoophyte : animal ressemblant à une plante.

LEXIQUE DE QUELQUES NOMS PROPRES DU RECUEIL ET DE *BOUVARD ET PÉCUCHET*

Bernard (Claude). Physiologiste français (1813-1878). Donna une explication de la pathologie du diabète. Auteur de *La Science expérimentale* et de *L'Introduction à la médecine expérimentale*, tente de formuler l'esquisse d'une théorie générale de la biologie.

Collier (affaire du) : escroquerie qui eut un grand retentissement et contribua puissamment à déconsidérer la royauté à la veille de la Révolution française (août 1785).

Danaïdes (tonneau des) : les cinquante filles de Danaos, fuyant l'hyménée avec leurs cousins fils d'Égyptos demandèrent asile à Argos. Elles décidèrent finalement de les épouser mais de les égorger la nuit de leurs noces. En punition, les meurtrières furent précipitées dans le Tartare et condamnées à verser éternellement de l'eau dans un tonneau sans fond.

Loi Falloux : d'après le nom du comte de Falloux, homme politique traditionaliste défenseur du catholicisme libéral. La loi qui porte son nom libéralise l'enseignement religieux. (15 mars 1850)

Fénelon. Prélat français (1651-1715). Protégé par Bossuet devint le précepteur du duc de Bourgogne pour lequel il composa *Les Aventures de Télémaque.* Chrétien scrupuleux, il s'adonna au quiétisme. Considéré comme un précurseur des utopistes du XVIIIe siècle.

Fualdès (Antoine). Magistrat français (1761-1817). Magistrat sous l'Empire, il fut retrouvé assassiné. Le procès de ses meurtriers fit grand bruit et servit de thème à une complainte, restée longtemps célèbre.

Gambetta (léon). Homme politique français, symbole de la Troisième République (1838-1882). Après la défaite de Sedan (2 septembre 1870), il participa à la journée révolutionnaire du 4 septembre au cours de laquelle fut proclamée la Troisième République. Ministre de l'Intérieur, il démissionne après l'annexion de l'Alsace-Lorraine. Réélu dès juillet 1871, il siègea à l'extrême gauche et s'opposa jusqu'en 1882 au très conservateur Mac-Mahon par la politique de l'« opportunisme », ou de l'alliance avec le centre.

Général Lamarque : général et homme politique français (1770-1832). Participa aux guerres de la révolution et de l'empire, réprima l'insurrection royaliste de Vendée. Exilé pendant la seconde Restauration (1815), il revint en France en 1818. Député de l'opposition républicaine en 1828. Ses funérailles furent l'occasion de la première insurrection républicaine de la monarchie de Juillet, en juin 1832.

Ledru-Rollin (Alexandre Auguste Ledru, dit). (1807-1874). Ministre de l'Intérieur du gouvernement provisoire en février 1848.

Mac-Mahon (Edme Patrice maurice, comte de). Maréchal de France et homme politique (1808-1898). Monarchiste légitimiste, il démissionna lors de la révolution de juillet 1830. Participa à la guerre de Crimée, puis à la guerre franco-allemande de 1870. Prisonnier à Sedan, puis libéré. Gagna l'estime des conservateurs en réprimant la Commune de Paris de

1871. Après la chute de Thiers (le 24 mai 1873), fut porté à la présidence de la République par la coalition monarchiste. Il soutint la réaction politique et religieuse de l'Ordre moral. Il démissionna avant la fin de son mandat, en janvier 1879, à la suite des élections sénatoriales qui furent une nouvelle victoire pour les républicains.

Philistin : à l'origine, peuple de l'Antiquité qui s'installa sur le littoral de Canaan et donna son nom à l'ensemble du pays (Palestine). À l'époque moderne, synonyme de bourgeois.

Proudhon (pierre-Joseph). Penseur politique (1809-1865). Proches des anarchistes, il préconisait des formes fédératives d'association entre travailleurs indépendants. Célèbre pour sa critique de la propriété.

Prudhomme (Joseph). Personnage créé par Henri Monnier pour caricaturer le bourgeois français, désireux de suivre l'évolution de son siècle et persuadé qu'il possède des lumières en toutes choses. Mais dans ses diverses entreprises, il reste niais, conformiste et sentencieux.

Raphaël : peintre italien (1483-1520) de l'époque de la Renaissance. Assimile aussi bien les manières de Léonard de Vinci que celles de Michel-Ange. Excella dans le portrait et les sujets mythologiques.

Sainte-Pélagie : prison parisienne (située rue du Puits-de-l'Ermite et démolie en 1899).

Thiers (Louis Adolphe). Homme politique, journaliste et historien (1797-1877). Ministre sous Louis-Philippe. Député du centre gauche en 1848, soutient d'abord Louis-Napoléon puis s'oppose à la fondation du Second Empire. Est devenu de plus en plus conservateur. A réprimé de façon sanglante la Commune de Paris de 1871.

Van Helmont (Jan Baptist). Médecin et chimiste flamand (1577-1644). Il découvrit le gaz carbonique (appelé par lui le gaz sylvestre), distingua les différents gaz de l'air. Il mit également en évidence le rôle du suc gastrique dans la digestion. S'inspirant des théories de Paracelse, il fut partisan de l'iatrochimie.

Wallon (Henri Alexandre). Historien et homme politique français (1812-1904). Nommé « le père de la République » pour son amendement du 15 janvier 1875 qui stipule que le président de la république est élu à la majorité absolue des suffrages par le Sénat et la Chambre des Députés réunis en Assemblée nationale. Ministre de l'Instruction et des Cultes de 1875 à 1876, il fit adopter la loi sur la liberté de l'enseignement supérieur.

BIBLIOGRAPHIE

Éditions de *Bouvard et Pécuchet*

Gustave Flaubert, *Bouvard et Pécuchet*, Paris, Alphonse Lemerre, 1881.
Bouvard et Pécuchet, édition critique par Alberto Cento, Naples, Instituto universitario orientale, et Paris, Nizet, 1964.
Œuvres complètes de Gustave Flaubert, édition nouvelle établie par la société des Études littéraires françaises, Paris, Club de l'honnête homme, 2 vol. (numérotés 5 et 6), 1972.
Bouvard et Pécuchet, édition de Claudine Gothot-Mersch, coll. « Folio », Gallimard, 1979.

Adaptation cinématographique

J. D. Verhaege, *Bouvard et Pécuchet*, avec J. Carmet et J.-P. Marielle en 1989.

Utile pour comprendre le texte

Gustave Flaubert, *Correspondance,* Paris, Louis Conard, 1926-1954, 13 vol. (dont 4 de supplément).
Gustave Flaubert, *Correspondance*, édition de la Pléiade, 1973.
Gustave Flaubert, *Le Second Volume de « Bouvard et Pécuchet »*, documents présentés et choisis par Geneviève Bollème, Paris, Denoël, 1966.

Études critiques

Guy de Maupassant, *Étude sur Gustave Flaubert dans les Lettres de Gustave Flaubert à George Sand*, Paris, Charpentier, 1884.
Julian Barnes, *Le Perroquet de Flaubert*, roman traduit de l'anglais par Jean Guilloineau, Nouveau Cabinet Cosmopolite, Stock, 1986. (Roman humoristique qui cherche à présenter l'univers de Flaubert à partir de biographies possibles.)
Victor Bromberg, *Flaubert par lui-même* (chapitre sur Bouvard et Pécuchet), coll. « Écrivains de toujours », Seuil, 1971.
Alberto Cento, « Commentaire de *Bouvard et Pécuchet* », Liguori, Naples, 1973.
René Descharmes, *Autour de « Bouvard et Pécuchet »*, Paris, Librairie de France, 1921.
D.-L. Demorest, *À travers les plans, manuscrits et dossiers de « Bouvard et Pécuchet »*, Paris, les Presses Modernes, 1931.
Marie-Jeanne Dury, *Flaubert et ses projets inédits,* Paris, Nizet, 1950.
Yvan Leclerc, *La spirale et le monument*, Sedes-CDU, 1988.
Albert Thibaudet, *Gustave Flaubert* (chapitre sur Bouvard et Pécuchet), coll. « Tel », Gallimard, 1935.
Jean-Paul Sartre, *L'Idiot de la famille*, Paris, Gallimard, Bibliothèque de Philosophie, 1971-72, 3 vol.
Flaubert et le comble de l'art. Nouvelles recherches sur *Bouvard et Pécuchet,* collectif, Sedes-Cdu, 1981.
Sandrine Berthelot, *Flaubert*, coll. « Mentor », Ellipses, 1999.

Articles critiques

Roland Barthes, « La crise de la vérité » (entretien avec J.-J. Brochier), *Magazine littéraire,* n° 108, janvier 1976.

Claude Mouchard, « La consistance des savoirs dans *Bouvard et Pécuchet* », *Revue d'histoire littéraire de la France,* juillet-octobre 1981.

Jacques Neefs, « Le volume des livres », *L'Arc,* n° 79, 1980.

Marguerite Tillet, « Les pièges de Chavignolles », *Essais sur Flaubert,* Nizet, 1979.

TABLE DES MATIÈRES

Cet ouvrage a été achevé d'imprimer en juillet 1999
dans les ateliers de Normandie Roto Impression s.a.
61250 Lonrai
N° d'imprimeur : 991525
Dépôt légal : juillet 1999

Imprimé en France